Visionarias

Inventoras desconocidas

Mercedes Palacios

Primera edición: febrero de 2020

Maquetación y diseño: Endoradisseny

© 2020, Mercedes Palacios (texto e ilustraciones)
© 2020, Marta Macho Stadler (prólogo)
© 2020, Bridge (por esta edición)

Edición: Anna López
Dirección editorial: Ester Pujol

Bridge es un sello de Grup Enciclopèdia
Josep Pla, 95
08019 Barcelona

Impreso en Tallers Gràfics Soler
Depósito legal: B-47-2020
Impreso en la UE
ISBN: 978-84-16670-88-8

Cualquier tipo de reproducción, distribución, comunicación pública o transformación de esta obra queda rigurosamente prohibida y estará sometida a las sanciones establecidas por la ley. El editor faculta al CEDRO (Centro Español de Derechos Reprográficos, www.cedro.org) para que autorice la fotocopia o el escaneo de algún fragmento a las personas que estén interesadas en ello.

A mi padre.

Te echo de menos.

Prólogo

> «Han existido mujeres sabias, como han existido mujeres guerreras; pero nunca hubo mujeres inventoras.»
> Voltaire, «Diccionario filosófico», 1764

Curiosa —además de misógina e incierta— esta frase de Voltaire extraída del capítulo *Mujer* de su diccionario filosófico. Voltaire convivió durante años con Émilie du Châtelet, sin ninguna duda una mujer sabia y «guerrera». El filósofo residió en el castillo de Cirey bajo la protección de la marquesa durante tres lustros; allí pudo comprobar las aptitudes intelectuales de Émilie, que tradujo varios textos científicos al francés —entre ellos los *Philosophiae naturalis principia mathematica*, de Newton— y redactó sus propios ensayos científicos. Voltaire admitía la sabiduría como una «posible» capacidad femenina, pero descartaba en las mujeres cualquier talento para la invención. Concedía la existencia de mujeres ilustradas, pero carentes del ingenio para descubrir y crear.

Ciertamente, Voltaire se equivocaba; las mujeres han inventado desde siempre. Al igual que los hombres, ellas han utilizado su ingenio y experiencia para solucionar problemas de todo tipo. Los muchos artilugios que han ido surgiendo a lo largo de los siglos han ayudado a las personas a tener una vida más cómoda o a solventar problemas de importancia vital.

En cualquier actividad creativa siempre ha habido mujeres. Antes de la existencia de los registros oficiales, nadie puede negar la participación femenina en la generación de ideas, nadie. Pero tras la aparición de las oficinas de patentes, afirmar que las mujeres no han inventado es imprudente y falso. Que no aparezcan mujeres como titulares de invención no significa que ellas no fueran las descubridoras; recordemos que no siempre tuvieron permiso para patentar sus ideas. ¿Cuántos inventos atribuidos a varones no serían en realidad fruto del ingenio de una mujer? ¿Cuántos nombres de mujeres no habrán quedado invisibilizados por los de maridos, padres u otros parientes?

De las muchas historias de mujeres con talento extraordinario, me gustaría recordar a una de ellas, a la alemana Bertha Ringer (1849-1944). En 1872 se casó con el ingeniero Carl Benz. Parte de la fortuna de Bertha sirvió para financiar la empresa de fabricación de máquinas industriales Benz & Cie. Carl finalizó su primer carruaje a motor en 1885 y obtuvo la patente alemana y obtuvo la patente alemana para el Benz Patent-Motorwagen en 1886: era un automóvil de tres ruedas con un motor de tracción trasera.

En agosto de 1888, Bertha decidió dar publicidad a este carruaje, cuyas ventas no iban bien, desplazándose con sus dos hijos mayores hasta la casa de su madre. Debía viajar de Mannheim a Pforzheim, unos cien kilómetros de recorrido; una distancia nunca realizada en automóvil.

Bertha partió al amanecer del 5 de agosto de 1888 con Eugen y Richard, y tuvo que enfrentarse a diferentes problemas durante su largo trayecto. Ella conocía con profundidad el funcionamiento del Benz Patent-Motorwagen. El automóvil utilizaba un sistema de termosifón para enfriar el motor; Bertha paraba en cada fuente que encontraba en el camino para añadir agua fresca y refrigerar el mecanismo del vehículo. Una de sus pinzas para el pelo la ayudó a reparar una avería en el sistema de ignición, recompuso un cable eléctrico pelado usando una de sus ligas, y un alfiler de su sombrero la ayudó a desatascar una tubería de combustible que se había obstruido. En su trayecto, una cadena de transmisión se rompió; esta vez tuvo que pedir ayuda a un herrero para repararla.

En el camino de Mannheim a Pforzheim el automóvil debía subir y bajar varias cuestas, pero el motor no tenía suficiente potencia. Eugen y Richard (de 15 y 13 años) tuvieron que empujar el vehículo en algunas de esas pendientes. Tras todas estas peripecias, Bertha y sus hijos llegaron a Pforzheim al anochecer de ese 5 de agosto. Fue un largo día de esfuerzos para demostrar que aquel automóvil funcionaba. Tras tres días en casa de su madre, Bertha regresó a Mannheim conduciendo de nuevo el Benz Patent-Motorwagen.

Aquel viaje no pasó desapercibido. Además de la publicidad conseguida, la marca Benz & Cie realizó varias mejoras gracias a las sugerencias de Bertha. Entre otras, nuestra protagonista propuso la inclusión de un engranaje accesorio para subir cuestas o la incorporación de unos forros de cuero (unas «pastillas de freno») para mejorar la potencia de frenado. Y aquel automóvil siguió evolucionando y mejorando, en parte gracias al ingenio de Bertha.

La historia de Bertha es inspiradora, como las de las muchas mujeres rescatadas del olvido por Mercedes Palacios en este *Visionarias. Inventoras desconocidas*. La autora nos propone un apasionante viaje —como el de Bertha— a lo largo de diferentes lugares y épocas para descubrir a algunas de esas mujeres geniales que no cayeron en el desaliento a pesar de las muchas dificultades y prohibiciones que debieron sortear. Mercedes construye un relato apasionante en el que mezcla detalles de las vidas de estas creadoras y de sus notables inventos: desde enseres facilitando la vida en el hogar, el espacio público o el trabajo; pasando por fibras resistentes o fármacos pioneros; hasta avances en programación o ingeniería. De algunas de estas pioneras ni siquiera conocemos su rostro. La autora las imagina y las dibuja. Las seductoras ilustraciones que acompañan el texto representan a las inventoras elegidas o escenas de sus vidas y sus ocupaciones.

En su obra más famosa, *La creación del patriarcado*, la historiadora Gerda Lerner afirmaba que «La ignorancia de su misma historia ha sido una de las principales formas de mantener a las mujeres subordinadas». Con *Visionarias. Inventoras desconocidas*, la autora recupera parte de esta historia silenciada. Gracias, Mercedes.

Marta Macho Stadler
Doctora en Matemáticas y divulgadora científica

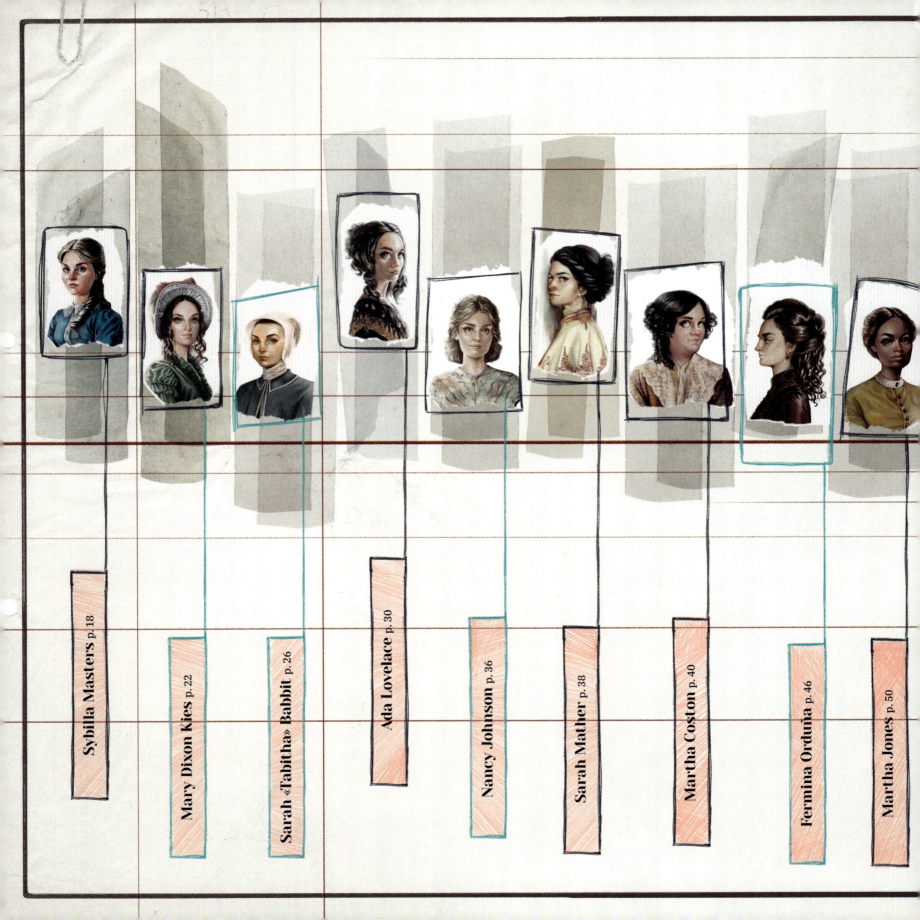

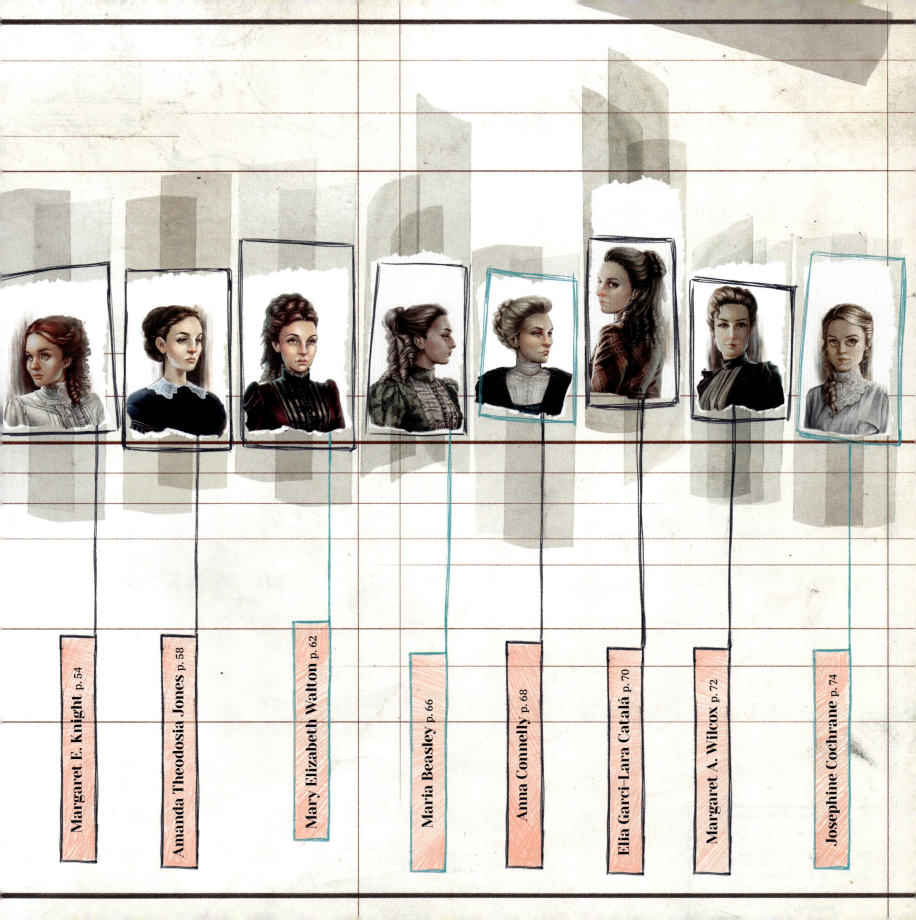

- Margaret E. Knight p. 54
- Amanda Theodosia Jones p. 58
- Mary Elizabeth Walton p. 62
- Maria Beasley p. 66
- Anna Connelly p. 68
- Elia Garci-Lara Catalá p. 70
- Margaret A. Wilcox p. 72
- Josephine Cochrane p. 74

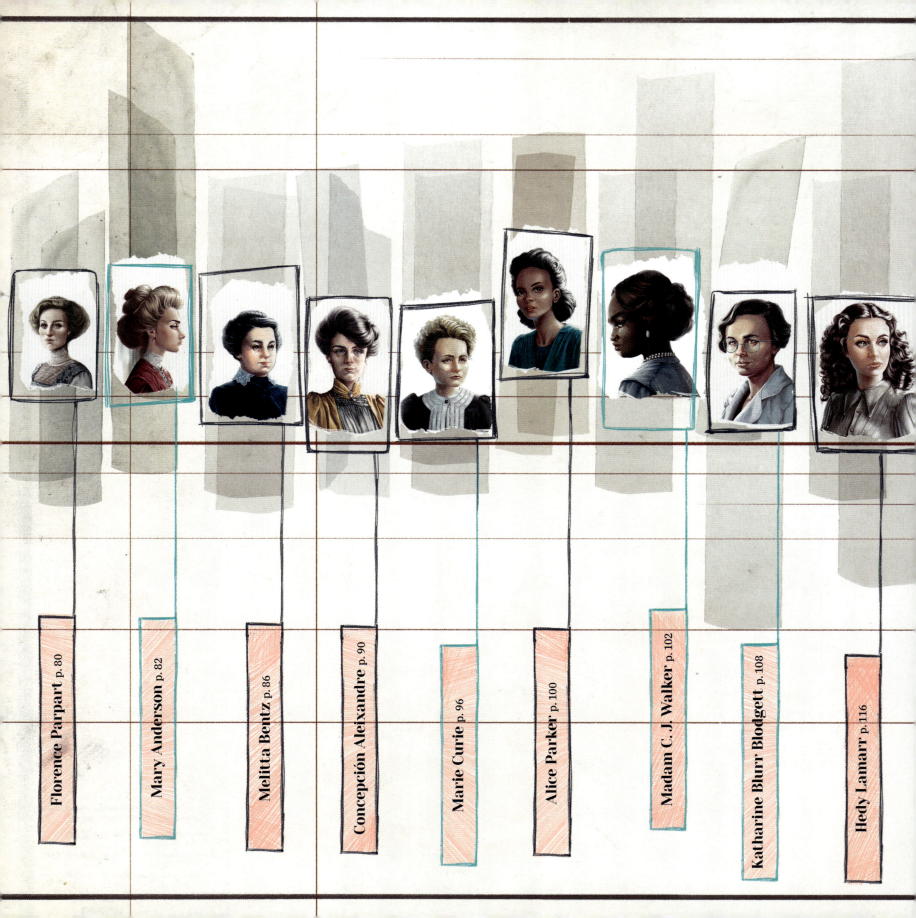

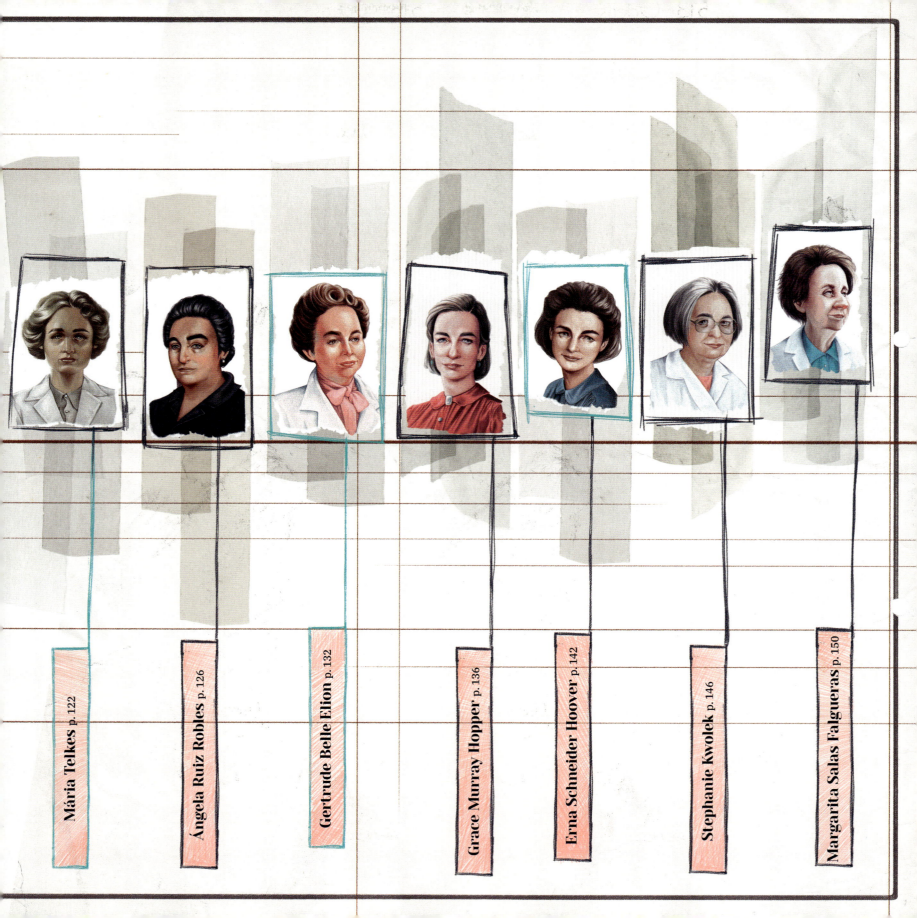

Mária Telkes p. 122
Ángela Ruiz Robles p. 126
Gertrude Belle Elion p. 132
Grace Murray Hopper p. 136
Erna Schneider Hoover p. 142
Stephanie Kwolek p. 146
Margarita Salas Falgueras p. 150

Introducción

El limpiaparabrisas, la calefacción del coche o la de nuestras casas a través del gas son inventos tan cotidianos como invisibles son las mujeres que los idearon. El lenguaje de programación en su forma más básica o el primer libro electrónico fueron también concebidos por ellas, en la sombra, relegadas a las labores de sus hogares o a obras humanitarias aceptadas socialmente —como la caridad, sobre todo—. Muy pocas, principalmente durante el siglo XIX, pudieron acceder a una educación privilegiada distinta que les permitía conocer otra visión del mundo.

Un ejemplo paradigmático de ello es Ada Lovelace (**Augusta Ada King**, condesa de Lovelace), a cuya madre, desencantada con la vida que tenía al lado de Lord Byron, no quiso que su hija siguiera el mismo patrón «impuesto» por la sociedad y la condujo a estudiar matemáticas, aritmética, música e idiomas, convirtiéndose en la primera programadora de la historia.

Esta es una recopilación de relatos biográficos de unas mujeres y sus inventos de las que apenas se sabe más que el número de patente que registraron, dónde nacieron y dónde murieron. Es mi intención honrarlas, ofrecerles un espacio y dar mi visión particular de todas ellas como homenaje a su trabajo y su perseverancia, así como a su valor y a la lucha de llevar a cabo sus ideas hasta el final, en un mundo lleno de trampas y clichés sociales difíciles de sortear, por muy grotescas que pudieran parecer en su día.

Todavía existe en la actualidad una idea preconcebida de lo que un hombre y una mujer deben ser. Se encasilla a las personas por su sexo, su religión, su raza o el número de pie que calzan. Resulta tan frustrante que, si no causara dolor, sería una comedia grotesca. Este libro intenta ser un ejemplo más de todo ese potencial desperdiciado solo por un sentimiento de amenaza hacia otra forma de ver las cosas. No corresponde únicamente a las escuelas y a los maestros la labor de ofrecer referentes plurales y una visión general del abanico de posibles profesiones que cada uno podemos ejercer y ser, sino también a la unidad familiar y lo que en ella se consume; mensajes culturales que han de apostar por una educación variada y rica para ciudadanos responsables que decidan su futuro.

Un poco de historia Contexto histórico (siglo XVIII)

Hoy en día, las mujeres vemos como algo totalmente normalizado el hecho de poder ir al banco y abrir una cuenta bancaria propia, adquirir una vivienda o bien registrar una patente u obra intelectual a nuestro nombre.

Antes de comenzar a hablar de las protagonistas que componen las páginas de este libro, quisiera subrayar el contexto histórico en el que vivieron y las enormes dificultades que tuvieron que superar. No solo para poder estudiar o inventar, ya que su función social estaba fuertemente limitada a las labores domésticas y familiares y, en ocasiones, a la organización de la beneficencia social, sino de las complicaciones que tenían que superar, como si de una carrera de obstáculos se tratase, para poder registrar a su nombre cualquier tipo de propiedad. Antes del siglo XIX, la mayoría de las mujeres no estaban autorizadas a tener posesiones, ya fueran casas, tierras, negocios o —como ya hemos dicho— las patentes de inventos. Todas estas pertenencias tenían que estar a nombre de sus familiares varones.

Fue en 1790 cuando el Gobierno Federal de los Estados Unidos aprobó una nueva ley de patentes. En ella, cualquier persona que no fuera un esclavo —recordemos que la esclavitud estaba aún vigente y que, para una gran parte de la sociedad de la época, no eran personas, sino posesiones— podría registrar una patente siguiendo los requisitos expuestos en la ley.

La primera patente registrada por una mujer fue un sistema de manufactura de sombreros cuya invención se debe a Mary Dixon Kies, en 1809, diecinueve años después de la proclamación de la ley.

Situándonos en Europa, el punto de inflexión en la legislación relativa a las patentes se dio con la Revolución francesa. En lugar de otorgar privilegios sobre un artefacto en concreto, se cambió radicalmente la ley y se empezó a hablar de los derechos de la propiedad intelectual del invento. En enero de 1791, Francia emitió la primera ley de patentes moderna del mundo. Esta ley tuvo gran influencia en los países de toda Europa, especialmente en Alemania y España.

Si ponemos la mirada en nuestro país, el 27 de marzo de 1826 se publicó el primer decreto sobre patentes de invención. En otras naciones de su entorno, observamos que las mujeres empezábamos a tener iniciativas y propuestas de dispositivos tecnológicos y, aunque en España las mujeres éramos activas en este sentido, los avances y los desarrollos sociales se producían muy lentamente en un mundo de hombres en el que nuestro papel era muy poco significativo. Prueba de ello es que, hasta mediados del siglo XX, las escuelas de ingeniería españolas contaban con muy pocas alumnas.

Como resultado de esto, de las 10.087 patentes que se registraron en España desde 1882 hasta 1935, solo 211 estaban a nombre de mujeres, es decir, únicamente un 2 % del total.

Las dificultades, por tanto, no solo fueron legales, sino principalmente sociales y culturales. En primer lugar, las mujeres tenían menos oportunidades para la educación técnica, por considerarse «poco femenino» que una mujer realizara un trabajo técnico o manual.

Además, las leyes solían asignar todos los derechos de propiedad marital a los esposos, y prohibían a las mujeres casadas controlar la propiedad en su propio nombre. Esta situación disuadió a muchas mujeres de convertirse en inventoras, mientras que las que lo hacían, a menudo fueron obligadas a que sus patentes se expidieran a nombre de sus maridos, padres o hermanos.

Con este decorado en mente, nos podemos hacer una idea de lo complicado que era innovar siendo una mujer y de los constantes obstáculos sociales, legales y culturales que tenían que sortear para que sus inventos vieran la luz y tuvieran el reconocimiento social que se merecen.

Charlotte Smith

Charlotte Smith, feminista activista y reformadora, es un personaje olvidado en la narración histórica y lo cierto es que gracias a ella hoy en día podemos conocer una lista de las mujeres inventoras del siglo XIX en Estados Unidos, incluidas las que lo hicieron bajo seudónimo o titularidad masculina. En *The Woman Inventor*, panfleto autopublicado en 1890, cuenta los motivos que la obligaron a ello.

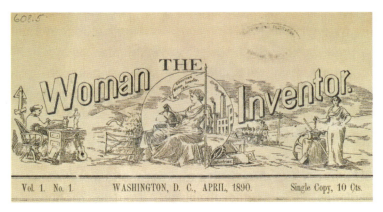

Aunque la primera ley de patentes de Estados Unidos permitía a las mujeres registrar sus inventos, solía ocurrir lo mismo que con la mayoría de sus propiedades: que en esa época tenían que estar bajo el nombre de algún varón familiar.

Entre 1872 y 1878, Smith publicó una revista, *The Inland Monthly*, que fue escrita, maquetada, impresa y enviada únicamente por mujeres. En esa época contactó con ella Mary S., hija de un inventor talentoso pero irresponsable, un borracho que malvendió sus inventos por unos pocos dólares. Después de la muerte de su padre, Mary S. perfeccionó y ejecutó treinta y siete inventos diferentes que su progenitor había iniciado, pero que nunca completó, y desarrolló otros dieciséis inventos propios.

WOMEN INVENTORS.

No.	Name and Address.	Title of Invention.	Date.
	Mary Kies	Straw weaving with silk or thread	May 5, 1809
	Mary Brush	Corset	July 21, 1815
	Sophia Usher	Cream of tartar, carbonated liquid	Sept. 11, 1819
	Julia Planton	Stove, foot	Nov. 4, 1822
	Lucy Burnap	Hats, weaving grass	Feb. 16, 1823
	Diana H. Tuttle	Spinning-wheel heads, accelerating	May 17, 1824
	Catharine Elliot	Moccasins, manufacturing	Jan. 26, 1825
	Phœbe Collier	Wheel-fellies, sawing	May 20, 1826
	Elizabeth H. Buckley	Shovel, sheet-iron	Feb. 28, 1828
	Henrietta Cooper	Straw, leghorn, whitening	Nov. 12, 1828
	Elizabeth Oram	Globe for teaching geography	Jan. 12, 1831
	Emma Stienhauer	Cook-stove	Feb. 3, 1831
	Luna Bishop	Bellows	Dec. 22, 1831
	Elizabeth Bartlette	Balsam lavender	Jan. 29, 1833
	Harriet Cook	Calash balloon for ladies	Feb. 20, 1833
	Ethel H. Porter	Straw cutting and fodder	Mar. 14, 1834

Smith lamentó que su amiga «proporcionara el cerebro para que el hombre creara riqueza, cuando él mismo no tenía el genio para inventar, sino la astucia para arrebatar los frutos del trabajo de esa mujer». Antes de morir le prometió que ayudaría a visibilizar a las mujeres inventoras.

Smith se pasó los siguientes años escribiendo cartas, llamando y visitando en persona a cuatro comisionados de patentes sucesivos, y siempre obtenía la misma respuesta: «No hay fondos». Finalmente, Smith consiguió hablar ante el Congreso y que aprobara un gasto de 300 dólares para confeccionar el listado. Contrató a cuatro secretarias que trabajaron en la investigación de todos los registros.

El resultado fue que en 1890 la Oficina de Patentes publicó un libro con todas las mujeres que habían patentado dispositivos tecnológicos entre 1790 y 1886. Se estimó que 2.297 patentes estaban registradas directa o indirectamente por mujeres.

Esta lista ha sido esencial para los historiadores, aunque tiene algunas omisiones significativas como, por ejemplo, la de Martha Coston, inventora de las bengalas de salvamento marino. Esta cifra podría ser de un 25 %, según los estudios realizados por el historiador Autumn Stanley.

¿A qué se debieron estas omisiones?

Muchas de las patentes enumeradas se relacionaban con las tecnologías domésticas, tradicionalmente asociadas con las mujeres. Sin embargo, los inventos de Martha Coston y otras inventoras fueron para usos militares e industriales; es decir, campos que tradicionalmente no estaban asociados con las mujeres durante el siglo XIX.

Stanley sospecha que los empleados de la compilación, al encontrar el nombre de una mujer asociado con un invento industrial, asumieron que no podía ser cierto, y omitieron estas patentes de la lista, reforzando el estereotipo de que las mujeres solo inventaron en las áreas domésticas.

1715
Sybilla Masters

Pionera, perseverante y constante. La primera inventora de la que se tiene testimonio en los registros.

La primera vez que se menciona a Sybilla como colona es en los registros de Nueva Jersey, en 1692. Unos años después, en 1695, se casaría con un comerciante cuáquero llamado Thomas Masters (con quien tendría cuatro hijos: Mary, Sarah, Thomas y William) y se mudarían a Filadelfia, donde Thomas se convirtió en juez de la Corte Suprema de Pensilvania, desempeñando funciones de alcalde de Filadelfia entre 1707 y 1708.

Sybilla, al igual que muchas mujeres coloniales, tuvo que trabajar muy duro para mantener y cuidar de su familia. La tarea de preparar la comida diaria era harto complicada. Uno de los alimentos que se utilizaban como base de la dieta de la época era el maíz, del cual se obtenía la harina que se empleaba para preparar, entre otros alimentos, tortas de maíz o gachas. La técnica por la que se obtenía la harina del maíz era moliendo el grano entre dos piedras con un molino, lo que resultaba en un trabajo bastante agotador.

Fue mientras veía cómo las nativas americanas molían el maíz con largos postes de madera, cuando Sybilla ideó un molino para conseguir la harina de maíz. El molino utilizaba grandes martillos para triturar este cereal y obtener de este modo la harina. La innovación de Sybilla permitió que el maíz se empleara de múltiples formas en la dieta en combinación con otros alimentos. Una cosa llevó a la otra y la segunda invención de Sybilla tenía que ver precisamente con los tejidos. Ideó un sistema de tejer con hojas de paja y de palma, procedente de las Indias Orientales, que permitía confeccionar sombreros.

Sybilla quería poder inscribir sus inventos en algún registro, a pesar de que la idea de obtener una patente por un invento era algo novedoso en la época y el funcionariado y las leyes de los estados no sabían muy bien cómo proceder. Si bien es cierto que algunos estados de las colonias permitían el registro de «patentes» o «privilegios», Pensilvania, donde residía, no era uno de ellos. Así que

Sybilla tuvo que idear un viaje a Londres en 1712 con la esperanza de que allí pudiera hacerlo. El viaje lo hizo a solas, con lo que esto suponía en la época. Sin embargo, la realidad se impuso. El procedimiento que debía seguir para registrar un invento no estaba regulado y le negaron la patente, dejándole como última opción recurrir al rey Jorge con un escrito en el que pedía que le reconociera la patente de sus invenciones.

La espera burocrática podría llevar años y, mientras conocía el resultado de sus requerimientos, abrió en Londres una tienda para vender los sombreros que ella misma confeccionaba con su proceso de tejer la paja y la palma, e incluso vendía fundas para sillas, sillones y sofás con este método.

Estando ella en Londres, en 1714, Thomas adquirió un molino agrícola que modificó según la invención de su esposa y empezó a vender la harina de maíz resultante. Como curiosidad, se vendía como remedio contra la tuberculosis, aunque no era más que un alimento. Este molino revolucionó la industria del maíz en las colonias y resultó ser un gran éxito.

El 25 de noviembre de 1715, el rey Jorge I de Gran Bretaña otorgó a Thomas Masters la patente 404 para el proceso de «Limpieza y curado del cultivo de maíz indio en varias colonias de América», un nuevo procedimiento descubierto por su esposa, Sybilla Masters. Las patentes, recordemos, no podían ser concedidas a las mujeres.

En 1716, Sybilla recibiría otra misiva del rey Jorge en la que le concedían a Thomas su segunda patente número 403 para un nuevo proceso de tejer la paja en los sombreros y otros productos que se titulaba «Trabajando y tejiendo con un nuevo método la palma y la paja en sombreros y otras mejoras de esta mercancía». Desgraciadamente, no se conservan ningún diagrama o descripción del procedimiento que inventó Sybilla. Su aventura como diseñadora de moda terminaría pronto y acabó regresando a Filadelfia a mediados de 1717, donde obtendría las mismas dos patentes que recibió en Londres, también —qué duda cabe— a nombre de su esposo.

A día de hoy no sabemos si Sybilla continuó con sus invenciones, aunque podemos decir que fue una mujer adelantada a su tiempo que, más allá del reconocimiento social que obtuvo con sus patentes, el verdadero significado de su trabajo y el legado que nos deja es la perseverancia y la constancia que hubo de tener en un mundo de hombres en un campo en el que se excluía a las mujeres por sistema.

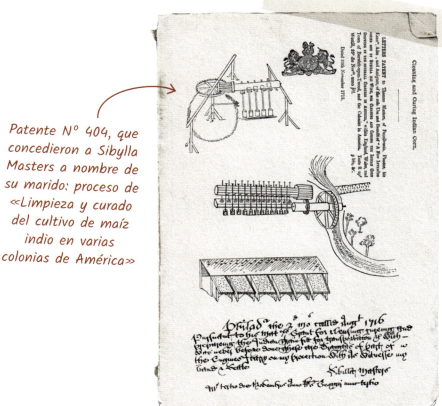

Patente Nº 404, que concedieron a Sibylla Masters a nombre de su marido: proceso de «Limpieza y curado del cultivo de maíz indio en varias colonias de América»

1809
Mary Dixon Kies

La primera patente otorgada a una mujer

Nació en Connecticut en 1752 y fue la primera mujer estadounidense en registrar con su nombre una patente después de que se aprobara la Ley de Patentes de 1790.

En esa época, las mujeres, social y culturalmente, se solían dedicar al cuidado de su casa o granja, así como a tejer sus propios vestidos o sombreros. Sin embargo, la clase acomodada acostumbraba a comprar la mayoría de los artículos de uso cotidiano, y la moda adquirió una especial importancia: sombreros, vestidos, abrigos, calzado... La mayoría de estos artículos se importaban de Europa, así como los útiles y el menaje del hogar. En 1799, Napoleón llegaría al poder en Francia y durante la primera década de 1800 estallarían las guerras napoleónicas entre Francia y varias naciones en el continente europeo. Como consecuencia de esto, las importaciones se vieron afectadas llegando a ser casi imposible obtener este tipo de mercancías. Estados Unidos canceló las importaciones desde el viejo continente para mantener una posición neutral ante el conflicto, por lo que el presidente James Madison impulsó la industria fomentando políticas de fabricación nacional de estos artículos que tenían una gran demanda entre la sociedad, entre los que se encontraban los sombreros de paja.

Y fue ahí, en la industria del sombrero de paja, donde Mary Dixon innovó. El 5 de mayo de 1809 patentó un nuevo sistema de manufactura de sombreros mediante el cual se hacía más efectivo tejer la paja con la seda y el hilo. El nuevo sistema permitía reducir los costes y el tiempo de fabricación de los sombreros, algo que haría que Mary Dixon catapultara la industria a su máximo apogeo. Solamente en Massachusetts, donde Mary residía, en 1810 se fabricaron sombreros de paja por un valor aproximado de unos 500.000 dólares de la época. De hecho, el sector iba tan bien que fue de los pocos que soportaron la guerra anglo-americana de EE. UU. contra Reino Unido y sus colonias canadienses de 1812.

Lamentablemente, la Oficina de Patentes sufrió un incendio en 1836 que arrasó con unos 10.000 registros de patentes y no queda documentación alguna que detalle el sistema revolucionario con el que Mary innovó la industria del sombrero. Lo único que se conserva es una muestra del tejido que resulta del procedimiento que registró.

A pesar del éxito de su invento, Mary Dixon no fue capaz de gestionar y asegurar los beneficios, y falleció sumida en la miseria a los 85 años de edad en Nueva York, en 1837.

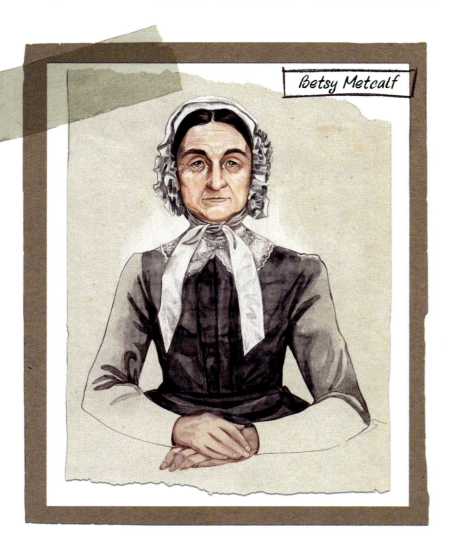

Betsy Metcalf

Betsey Metcalf Baker

Si bien es cierto que Mary Dixon fue la primera mujer que obtuvo una patente por la innovación en la industria del sombrero, lo cierto es que podríamos decir que Betsey realmente fue la pionera en este nuevo método de fabricación de sombreros de paja.

Todo comenzó de la forma más fácil que pueda imaginarse. Betsey, una niña de 12 años de Providence (Rhode Island), se quedó un día prendada de un sombrero que vio y quiso hacerse uno para ella. Los vecinos de Providence le enseñaron a trenzar la paja para poder hacerse el sombrero y ella añadiría su propia inventiva al proceso. Tal fue el éxito que en los años siguientes sería ella quien enseñaría su método a las niñas de Providence fundando su propia escuela: Day's Academy.

Los sombreros que ella y las niñas confeccionaban en su academia eran tan parecidos a los que se importaban desde Europa que muchos de los que se hacían en Nueva Inglaterra utilizaban el sistema de trenzado que ella inventó. De hecho, muchas de las niñas y mujeres (incluso la propia Betsey) que aprendieron el sistema de su trenzado obtuvieron sus primeros ingresos independientes, ya que vendieron las «trenzas tejidas» a los pequeños talleres de sombreros que las utilizarían después en sus creaciones. Muchas personas le instaron a que patentara su sistema de trenzado, pero ella se negó porque no le gustaba la idea de tener que dar su nombre en el Congreso, aunque quizá tuviera más que ver con la crítica y el rechazo social que podría tener a consecuencia de ello en la época.

«Durante 2 o 3 años tuvimos un negocio muy rentable. Con frecuencia podría ganar 1 dólar al día [...], [pero] las consecuencias que temo han sido más heridas que los estados de Nueva Inglaterra, ya que las niñas abandonaron todos los demás empleos, como el hilado, el tejido y el cuidado de una familia [...] por lo cual significa que han descuidado una parte necesaria de un empleo femenino. [...] Los caballeros dicen que es casi imposible conseguir que una niña haga tareas domésticas en el país, de lo comprometidas que están con la paja trenzada.»

El diario de Betsey Metcalf

Betsey se casó en 1807 con Obed Baker y se mudó a Westwood, Massachusetts, donde continuó enseñando su sistema de trenzado de paja a las mujeres en locales comunales e iglesias baptistas. Esta actividad sirvió para recaudar fondos para las hambrunas que sufriría Irlanda entre 1845 y 1849. Tal era el activismo social contra la esclavitud que ella y su esposo ayudaron a muchos esclavos a huir hacia el norte de EE. UU. a través del ferrocarril, una red clandestina que se organizó para ayudar a los esclavos a escapar a los estados libres del país y Canadá. El nombre de «ferrocarril subterráneo» se debe a que, para comunicarse, entre los miembros de la red se utilizaban términos ferroviarios de modo metafórico para referirse a las actividades que llevaban a cabo y no ser descubiertos.

EL SOMBRERO

Los sombreros estaban hechos de paja que se combinaba con tejidos como la seda o el lino.

Diseño original de Mary Dixon

1813
Sarah «Tabitha» Babbitt

Ideó la sierra circular

Un diciembre de 1779 nacía Sarah «Tabitha» Babbit en Hardwick, Massachusetts. Hija de Seth y Elisabeth Babbit. La familia empezó a formar parte de la comunidad de los Shakers de Hardwick en 1793.

Sarah ocupaba su tiempo de forma muy discreta como costurera. Para lo que hoy hace una única máquina automática de coser, antes se requería una rueca y un huso para preparar el hilo (de lana, algodón, lino...) necesario para tejer cualquier tipo de prenda. La rueca y el huso eran un aparato que constaba de una rueda circular que se movía con la ayuda de un pedal y que permitía hilar la fibra sin que se hicieran nudos en el hilo. La madeja resultante es lo que se utilizaría para tejer la prenda que se quisiera. El procedimiento de obtención de las madejas de hilo era lo que más tiempo absorbía del proceso de costura.

Un día, mientras Sarah hilaba, observó a una pareja de hombres que se encontraban talando un árbol cerca de donde estaba. Para talar un árbol en la época era necesaria la fuerza de dos hombres, que utilizaban una sierra longitudinal de dos asas. «Qué pérdida de tiempo y esfuerzo es talar un árbol de esta forma», debió de pensar Sarah al verlos. «Si la sierra fuera de forma circular, como mi rueca, no serían necesarios dos hombres para talar, al igual que ya no son necesarias dos mujeres para hilar.»

Con esta idea en mente, se puso manos a la obra y unió una sierra a la rueca circular que utilizaba para hilar. Con la ayuda del pedal, comprobó que efectivamente con una sierra de esta forma el esfuerzo y el tiempo se reducían notablemente y la tarea de talar árboles se podía volver más sencilla y productiva que con una sierra longitudinal.

Así es cómo nació la sierra circular.

Podría resultar llamativo que precisamente haya sido una mujer la que innovara en un sector de dominio claramente masculino. Sin embargo, tiene su explicación y deja de ser un dato a tener en cuenta si conocemos más a fondo a la comunidad Shaker.

Los Shakers empezaron siendo una disgregación de los cuáqueros. Al principio, eran conocidos como Shaking Quakers («cuáqueros agitadores») porque durante la adoración movían intensamente los brazos y las piernas. El término evolucionó reduciéndose simplemente a Shakers («agitadores»).

La comunidad Shaker fue liderada por una mujer llamada Ann Lee. Ann era hija de un herrero que deseaba tener una religión más personal e intimista que la de la Iglesia en Inglaterra, así que se unió a una sociedad religiosa que formaban las personas que abandonaron la vertiente cuáquera. Posiblemente, debido al liderazgo de una mujer, la comunidad Shaker practicaba la igualdad y, como resultado de esto, las mujeres ocupaban cargos de poder dentro del grupo, algo bastante inusual en la época. Cuando la comunidad llegó a América, sus miembros veían la necesidad de tener un liderazgo más equilibrado y se crearon otros puestos de responsabilidad que ocuparían hombres.

Los Shakers tenían una peculiar forma de entender las relaciones personales, y es que los hombres y las mujeres vivían separados. Se fomentaba el celibato, llegando a promover la existencia de dormitorios independientes durante el matrimonio e incluso a tener las tareas domésticas divididas para no coincidir. A veces, el único modo de verse y juntarse para mantener relaciones sociales era cuando recogían alimentos o leña para sus chimeneas.

La comunidad valoraba el esfuerzo y el trabajo, y por ello apreciaban las aportaciones que cualquier persona, hombre o mujer, miembro de esta, ofreciera para innovar, mejorar y facilitar las duras tareas cotidianas. Con esta información, podemos entender un poco mejor cómo es

Retrato de Ann Lee

Curiosidades sobre los Shakers

* Debido a la práctica del celibato casi absoluto, a los Shakers se les exigía la conversión a la comunidad de nuevos miembros con el fin de ir aumentando su población, llegando a adoptar niños huérfanos (práctica que se prohibió por ley en 1960). En unos 100 años, se convirtieron unas 20.000 personas. La comunidad llegó a su punto álgido en 1840, llegando a contar con unos 5.000 miembros.

* Su sistema escolar gozaba de una gran reputación. A los 21 años de edad, a los Shakers se les daba la opción de permanecer con el grupo o forjar un nuevo camino de vida. Solo alrededor del 25 % de los jóvenes optaban por quedarse dentro de la comunidad.

* En 2012, únicamente se documentan tres Shakers residiendo en Sabbathday Lake, Maine.

* Los Shakers fueron una de las primeras comunidades religiosas en referirse a Dios como Padre o Madre, una idea totalmente radical durante el siglo XIX que causaría tensiones con otros grupos religiosos por considerarse sacrilegio.

* Entre otros muchos avances heredados de la comunidad Shaker, se encuentra la distribución de las semillas en bolsitas de papel (tal y como hoy en día nos las encontramos), las pinzas para tender la ropa, la lavadora con ruedas y numerosas innovaciones hidráulicas.

* La letra de la canción *Fireplace* de R.E.M. está tomada de un discurso de Ann Lee.

posible que Sarah tuviera la idea de la sierra circular y que la comunidad la acogiera y la pusiera en práctica de forma natural e inmediata.

Hoy en día sabemos que hubo muchos inventores que innovaron en el sector maderero incorporando sierras circulares a sistemas para talar y cortar madera. En Inglaterra, por ejemplo, se dice que Samuel Miller utilizaba una sierra circular en un molino de viento que se usaba para cortar madera. Unos años más tarde, según descripciones en documentos de la época, en la misma zona, Walter Taylor emplea sierras circulares en los equipos de su aserradero. Sin embargo, el diseño de la sierra circular de Sarah Babbit es mucho más significativo y tiene las suficientes diferencias con respecto a sus contemporáneos para considerarse un invento diferente e innovador. Su diseño inicial se implantaría y se popularizaría de forma casi inmediata, instalándose en molinos y aserraderos locales.

Sarah no patentó su diseño debido a sus creencias religiosas y sus convicciones como parte de la comunidad Shaker, para que todo el mundo pudiera beneficiarse de su invento. Tres años después, dos ciudadanos franceses conocieron la existencia de la sierra circular de Sarah leyendo documentación sobre los Shaker y lo patentaron bajo sus nombres en la Oficina de Patentes de Estados Unidos. Se cree que Sarah tuvo más ideas y concibió más inventos.

Menuda pérdida de tiempo y esfuerzo es serrar un árbol de esta manera.

1842
Ada Lovelace

Madre del lenguaje de programación

Augusta Ada King, condesa de Lovelace, llegó al mundo en un contexto histórico marcado por la revolución, el cambio y la ruptura social. En 1789, en Francia, sucedía la Revolución francesa con la declaración de la primera República en 1792, mismo año en el que Mary Wollstonecraft publicaba en Inglaterra la *Vindicación de los derechos de la mujer*, hechos que construyen un marco en el que podríamos situar el inicio de los avances científicos y el comienzo de la conquista de los derechos sociales para mujeres y hombres. Por tanto, este conjunto de sucesos dibujaría las pinceladas de lo que sería la vida de Ada Lovelace y su mente privilegiada.

Ada nació un 10 de diciembre de 1815, con el fin del imperio napoleónico. Hija de Anna Isabella Milbake y de Lord Byron, este matrimonio no tuvo éxito. Anna Isabella abandonó a su esposo al año de casarse, harta de los constantes escándalos amorosos y de ver cómo malgastaba la fortuna familiar. Se escapó con su hija y se instalaron en casa de sus padres. Lord Byron abandonaría la ciudad, aunque escribiría habitualmente a lady Byron (Anna Isabella conservó el título después de separarse) para preguntarle por Ada e interesarse por su bienestar.

La educación que tuvo Anna Isabella fue excepcional. «La princesa de los paralelogramos», la llamaba Lord Byron en tono de mofa debido a que estudió álgebra, geometría y astronomía, algo que proyectaría totalmente en la educación de Ada.

Lord Byron describía así a Anna Isabella en una carta a lady Melbourne:

«Le agradezco una vez más sus esfuerzos con mi princesa de los paralelogramos, que la ha desconcertado a usted más que Hipotenusa; en su forma de ser no se ha olvidado de las Matemáticas, en donde yo solía apreciar su ingenio. Su forma de proceder es bastante rectangular, o más bien

somos dos líneas paralelas que se prolongan una al lado de la otra hasta el infinito, pero destinadas a no encontrarse nunca.»

Anna Isabella promovió el interés de su Ada por las matemáticas y la lógica, motivada por la idea de que el estudio de estas materias evitaría que su hija desarrollase el carácter temperamental e impredecible de su padre.

Ada tuvo una infancia marcada por una educación basada en las matemáticas. Debido a su delicada salud y a los esfuerzos de su madre por evitar que se viera envuelta en más escándalos sociales, apenas se relacionaba con más niños de su edad sin la aprobación de su progenitora, por lo que Ada pasaría la mayor parte del tiempo sola, dedicada al estudio o con institutrices. Su jornada comenzaba con clase de música, lectura de francés y clase de aritmética. A las 13.30 horas hacía las tareas de las clases anteriores y, después de comer, volvía a retomar la música finalizando el estudio a las 16.30 horas con la lectura de francés. Lady Byron puso mucho empeño en que Ada aprendiera matemáticas, contratando como institutriz de su hija a Mary Somerville, matemática y científica escocesa, que se convirtió en un gran estímulo e influencia para Ada.

Con 17 años de edad, Ada conoció en una fiesta de la alta sociedad londinense a Charles Babbage, un científico que despertó su interés al hablarle del proyecto que tenía entre manos: construir una máquina totalmente nueva, una máquina pensante que funcionase sin la ayuda de un humano. La llamaba «Máquina Diferencial». Este hecho llamó poderosamente la atención de Ada y acabaría teniendo una estrecha colaboración y amistad con Babbage, y le ayudaría a perfeccionar los cálculos de su máquina.

Por aquellas fechas, Joseph Marie Jacquard se haría famoso gracias a su «telar de seda». Se trataba de un avanzado telar mecánico que utilizaba tarjetas perforadas

Máquina Diferencial, que finalmente se llamaría «Ingenio Analítico».

Ada programó las rutinas para que la máquina pudiera hacer los cálculos matemáticos.

Diseño del Ingenio Analítico

* Dispositivo de entrada, a semejanza de las tarjetas perforadas del telar de Jacquard;
* Almacén, lo que hoy llamamos «memoria RAM»
* Molino, nuestro micro procesador
* Dispositivo de salida de tarjetas, como nuestras impresoras o disqueteros

para fabricar de forma automática los patrones de tela. Ada contemplaba la máquina con fascinación mientras se imaginaba a sí misma construyendo máquinas que permitieran al ser humano controlar procesos que antes eran imposibles.

Diez años más tarde, Charles y Ada se volverían a encontrar en una conferencia que éste último daba en Turín para presentar su «Ingenio Analítico», que es como finalmente llamaría a su máquina de cálculo. Al acto acudió un joven ingeniero italiano llamado Menabrea que publicaría en francés un resumen de la conferencia. Ada, que ahora se apellidaba Lovelace por su matrimonio con el conde de Lovelace, tomó interés por este resumen y se dispuso a traducirlo. Babbage invitó a Ada a comentar el resumen, lo que daría lugar al nacimiento de su obra *Sobre la máquina analítica* que, finalmente, se llamaría *Notas*. En ella se recogían los comentarios de Ada sobre el Ingenio Analítico y su funcionamiento, y eran tan ricos y elaborados que triplicaban el texto original, llegando a describir una mejora en la reutilización de las fichas perforadas del reciente invento de Jacquard en tareas cíclicas.

Con este texto, Ada inventaría el nacimiento de las subrutinas, pieza fundamental en el funcionamiento de las computadoras modernas.

En sus *Notas*, Ada confeccionó un programa para las tarjetas perforadas mucho más complejo y ambicioso que el del propio Babbage, y nos dibuja una imagen del conocimiento matemático y de su capacidad para programar y crear programas. La idea de reutilizar las tarjetas perforadas cada vez que era necesario dentro de un mismo programa fue tan avanzada a su época que durante el siglo posterior no se escribió nada mejor dentro de la materia y se seguirían utilizando sus *Notas* como referente en esta materia. Mientras tanto, su invención se aprovecharía en la industria textil.

La salud de Ada nunca fue buena y, terminadas sus *Notas* y habiendo criado a tres niños, decayó alarmantemente. Fue diagnosticada de histeria, el cajón de sastre donde se metían todas las enfermedades inexplicables que sufrían las mujeres de la época. Sin embargo, pocos meses antes de su muerte se supo que su enfermedad se debía a un terrible cáncer de útero. Quiso el azar histórico que Ada dejara el mundo a los 37 años en 1852, la misma edad con la que su padre, Lord Byron, murió, y al que nunca llegó a conocer.

Curiosidades

* De Charles Babbage podemos decir que fue el inventor de la computadora o lo que hoy conocemos como «hardware», mientras que Ada sería la madre del «software» y ambos sentarían las bases de la informática cien años antes de su desarrollo.

* Ada publicó sus *Notas* en la revista *Scientific Memoirs* en 1843, con el título «Sketch of the analytical engine invented by Charles Babbage», que firmó solo con sus iniciales A. A. L. por miedo a ser censurada por su condición de mujer, aunque pronto se supo a quién correspondían y los científicos no tomaron en serio su obra.

* En 1979, el Departamento de Defensa de EE. UU. desarrolló un lenguaje de programación llamado ADA en su honor.

«Quiero idear y construir máquinas como este telar que nos permitan controlar procesos que anteriormente eran incontrolables.»

Diagrama de Lovelace de la nota G, el primer algoritmo informático publicado.

1843
Nancy Johnson

Revolucionó la industria del helado

«A todos a quienes pueda interesar, yo, NANCY M. JOHNSON, residente en la ciudad de Filadelfia (Pensilvania), he inventado una nueva y útil mejora en el arte de producir helados». Cuando Nancy Johnson registró su patente n.º 3254 en septiembre de 1843, no tenía ni idea de la revolución que supondría en la industria del helado.

Poco se conoce sobre la vida de Nancy, unos simples datos que no son suficientes, pero que nos ayudan a dibujar una imagen de esta mujer que innovó tanto en algo tan cotidiano para nosotros ahora como lo es un postre: el helado. Se sabe que nació en 1795 y fue una ama de casa que probablemente vivió en Filadelfia.

El helado, tal y como lo conocemos hoy, es un producto moderno, y la tecnología de la congelación utilizada en su proceso de producción es relativamente nueva. Sin embargo, sus orígenes son muy antiguos. La historia del helado está llena de mitos y leyendas que tienen poca evidencia real. No se conoce exactamente quién lo inventó, ni dónde ni cuándo, pero su historia está estrechamente asociada con el desarrollo de técnicas de refrigeración de los alimentos.

Antes de que Nancy ideara su máquina de hacer helados, la elaboración era bastante complicada, pues se tenía que partir el hielo directamente del bloque de hielo que se guardaba en hoyos hechos en la tierra. Luego se llevaba a una bañera llena de sal gruesa donde el artesano desbastaba el bloque hasta obtener las virutas de hielo. Estas virutas se introducían en un recipiente en el que se mezclaban con leche, azúcar y aroma. La mezcla era agitada a mano hasta conseguir llevarla al punto de congelación del agua. El resultado después de horas de trabajo agotador era un helado suave de leche aromatizada. Este proceso convertía al helado en un producto de lujo que solo los ciudadanos más pudientes podían degustar.

El dispositivo revolucionó la industria alimentaria y fue un avance tecnológico fundamental en la los helados. De hecho, el fundamento de su máquina se sigue utilizando hoy en día. Gracias a ella, el coste de producción se redujo considerablemente, lo que hizo posible acercar este postre a una mayoría social.

Paradójicamente, Nancy no consiguió la financiación necesaria para fabricar su máquina y vendió los derechos de su patente al mayorista William Young por 200 dólares. Este comercializó la máquina de helados llamándola *The Johnsons Patent Ice-Cream Freezer* («La máquina de hacer helados patentada por Johnson») en honor a Nancy.

1845
Sarah Mather

A ella le debemos el telescopio

Podríamos decir que la evolución de la historia de la humanidad está marcada por la navegación de los mares. Las civilizaciones evolucionaron, en gran medida, surcando los océanos para comerciar y descubrir nuevos horizontes, algo que a menudo terminaba en procesos bélicos entre naciones. Debido a la necesidad de viajar de una forma rápida y segura, la navegación se convertiría en uno de los sectores en el que el progreso de los conocimientos y la innovación tecnológica prosperaría de un modo excepcional. Por ello, se convirtió en una pieza clave para el desarrollo de los imperios y los avances sociales, puesto que recogía tres áreas fundamentales en el progreso social: la exploración del globo terráqueo; los escenarios marinos de conflictos bélicos y la economía, que, a su vez, engloba el comercio, el transporte de mercancías y personas; y la explotación de recursos (pesca).

Un ejemplo paradigmático de esta innovación tecnológica naval, área reservada casi exclusivamente para hombres, lo tenemos en Sarah Mather.

Apenas se recogen datos sobre su vida más allá de que el 16 de abril de 1845 registró la patente n.º 3995 llamada «Telescopio Submarino» o el primer periscopio marino.

La descripción que ella misma hace de su invento es la siguiente: «Un aparato para examinar objetos debajo de la superficie marina. La naturaleza de mi invención consiste en la construcción de un tubo, unido en su extremo a una lámpara, que puede ser hundido en el agua y servir para iluminar objetos, y un telescopio que puede servir para hacer exámenes bajo el agua. Puede utilizarse para observar arrecifes, verificar amarres de embarcaciones y otros trabajos de inspección. También como herramienta educativa para observar plantas, criaturas y hábitats debajo de la superficie de ríos, lagos y mares».

En un primer momento, su invento se utilizó para examinar los cascos de los barcos mientras navegaban. El avance tecnológico de Sarah no se quedaría ahí. Con el estallido de la guerra civil americana, modificó su invento inicial y registró una versión más avanzada de su prototipo en 1864 (la patente n.º 43465). Las modificaciones consistían en un cambio en el sistema de iluminación que prevenía que la lámpara se apagara con las presiones subacuáticas y, en segundo lugar, añadió un juego de espejos dobles que permitían aumentar la amplitud del campo de visión sin tener que mover la lámpara o el telescopio.

La primera vez que tenemos constancia de la utilización del telescopio de Sarah fue en 1864, a cargo de un ingeniero de la Armada de los EE UU. que utilizó un tubo de hierro y unos espejos a bordo de un barco fluvial en la expedición del río Rojo. Se sabe que también fue usado durante la guerra civil americana para detectar la actividad submarina del bando confederado.

1859
Martha Coston

Las bengalas de salvamento marítimo son invención suya

Martha Jane Hunt nace en Baltimore, Maryland, en 1826. Cuando su madre enviudó, la familia se mudó a Filadelfia alrededor de 1830. Martha era una chica inquieta y asistió a la escuela, donde era bastante aplicada en sus estudios. Cuando tenía 14 años, la invitaron a un pícnic en un parque de Filadelfia y allí conoció a Benjamin Coston, un joven ingeniero de 19 años cuya destreza como inventor ya era conocida en la ciudad. Estuvo trabajando en un prototipo de «barco submarino o torpedo» que podía estar sumergido en el agua hasta ocho horas.

Las habilidades de Benjamin, entre otras muchas cualidades, llamaron poderosamente la atención de Martha y comenzaron una estrecha amistad. Pasaban bastante tiempo juntos y la noticia de su relación pronto llegó a oídos de la madre de Martha que, sorprendida porque Benjamin quisiera a «su niña», no puso ningún impedimento al permitir su matrimonio cuando Martha fuera mayor de edad.

El almirante de la Armada Charles Stewart se fijó en la actividad de Benjamin como inventor, instándole a unirse a la Marina en Washington D. C. La pareja cayó en la cuenta de que si Benjamin aceptaba el puesto tendrían que estar separados, y para solucionar esta disyuntiva decidieron casarse en secreto y fugarse. Martha tenía en aquel entonces 16 años y dedicó su tiempo a cuidar de su familia, abandonando sus estudios. A los cuatro años de su estancia en la ciudad, Benjamin aceptó un trabajo mejor remunerado en Boston. La familia siguió creciendo al mudarse y contaban ya con cuatro criaturas. Después del nacimiento de su cuarto hijo, Benjamin tuvo que trasladarse a Washington por negocios; durante este viaje enfermó gravemente y terminó falleciendo a los tres meses. Martha, viéndose sola con cuatro hijos a su cargo, regresó a Filadelfia para volver a vivir con su madre. La desgracia la perseguía y al poco de trasladarse allí, su hijo Edward enfermó y falleció. La tragedia no terminaría ahí, porque a los pocos meses su madre también moriría.

Tuvo que disfrazarse de hombre para que la tomaran en serio y los expertos mostraran interés por sus ideas y apuntes.

La vida había golpeado a Martha de una forma brutal y esto la dejó deshecha, porque no solo tenía que afrontar una dura situación personal mientras atendía a sus tres hijos, sino que las finanzas de la familia no habían sido atendidas adecuadamente y la fuente de ingresos procedente del negocio de Benjamin como inventor se agotaba. Tenía 21 años de edad, tres hijos bajo su custodia y ni un solo centavo. No se dio por vencida y empezó a buscar la forma de retomar el negocio que daba sustento a su familia: la innovación tecnológica.

Una lluviosa tarde de noviembre, Martha se dispuso a leer todas las anotaciones y documentos de Benjamin sobre sus artefactos y prototipos pirotécnicos inacabados para la Armada, con el objetivo de sacar a flote el negocio y buscar un sustento familiar. En uno de estos documentos se detallaba un plan para el uso de señales durante la noche, como se hacía por el día con el método de las banderas de colores. Consciente de la importancia de la invención de su marido, Martha se dispuso a terminar la investigación, que no había ido más allá de los apuntes detallados de fórmulas químicas y unos planos en los que se asignaba a cada señal un color y un número. La idea que tuvo Martha a partir de esto fue la construcción de una bengala que, al explotar, diseminara por el cielo llamaradas de varios colores que servirían como un código de comunicación entre barcos.

Carente de formación técnica o científica con la que poder trabajar en su idea y fabricarla, se vio en la necesidad de pedir ayuda a expertos en química y pirotecnia. Durante su periplo en la búsqueda de ayuda técnica, sufrió varios timos, lo que la llevó a tomar la decisión de disfrazarse de hombre para que la tomaran en serio y los expertos mostraran interés por sus ideas y apuntes.

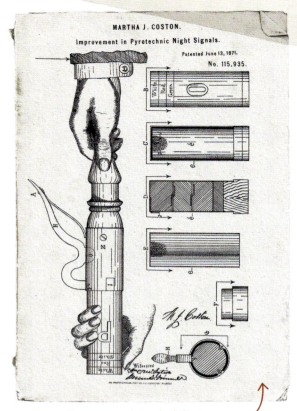

Patente original del sistema de bengalas de Martha Coston. Patente Nº 115.935

Los primeros prototipos de bengalas se probaron en los astilleros de Washington. Su funcionamiento no era el esperado, puesto que su manufactura era complicada y su manipulación difícil. Además, la mezcla de los compuestos químicos para generar los colores no resistía las condiciones marítimas y no duraban lo suficiente como para que se pudieran ver de barco a barco o desde tierra.

Con este resultado, Martha comenzó a perfeccionar sus bengalas. Para diferenciar los mensajes, consiguió recrear tres colores: el rojo, el blanco y el azul, una evidente muestra patriótica. Tuvo ciertas complicaciones a la hora de fabricar el color azul, y fue durante unos espectáculos de fuegos artificiales que se celebraron en Nueva York, con motivo de la finalización de la instalación del cable telegráfico transatlántico, donde encontró el tono de azul que ella buscaba. Se puso en contacto con el profesional pirotécnico del espectáculo para que le fabricara el mismo tono de color azul que vio extenderse por el cielo.

En abril de 1859, Martha Coston, administradora testamentaria de su marido, registró la patente n.º 23536 para un «Sistema de señales pirotécnicas nocturnas».

Durante los próximos dos años, la Armada probaría el nuevo sistema de bengalas por todo el mundo con resultados más que satisfactorios: los colores de las bengalas de Coston podían verse a unos 40 kilómetros. La Junta recomendó implantar en todos los navíos de la Armada el sistema de bengalas Coston. Sin duda, eran buenas noticias para Martha y su socio Lilliendhal (colaboró con ella en la mejora de los recipientes de los fuegos de colores y en la obtención de más tonos para las señales), porque el Congreso quiso adquirir la patente de las bengalas de Coston. Sin embargo, la burocracia utilizó formas poco honorables y tácticas dilatorias o directamente de bloqueo, llevando la cuestión a debate al Congreso para votar su aprobación, lo que podría dilatar el proceso muchos meses.

En cualquier caso, durante la guerra civil americana, Martha y su socio acordaron un pedido con la Armada de más de un millón de bengalas a precio de coste. Sin duda, resultaba económicamente ruinoso, aunque a cambio el Gobierno prometió recompensarlos cuando finalizara la guerra, hecho que nunca sucedió ya que Martha tan solo recibió 15.000 dólares de los 120.000 pactados bastantes años después, en 1875. Acuciada económicamente debido al retraso que suponía la tramitación de la venta de las bengalas a la administración, Martha decidió patentar su sistema en más países y en el mismo año (1859) partió hacia Europa con la intención de negociar y llamar la atención sobre su invento de los gobiernos de Francia e Inglaterra, por lo que estuvo viviendo entre París y Londres hasta 1861.

Fue en 1871 cuando Martha registró otra patente, la n.º 115935, esta vez con su propio nombre, que consistía en una mejora de las señales nocturnas añadiendo el término «telegráfico» en referencia al código Morse. La variación del prototipo consistía en que el material pirotécnico se encontraba en el estuche de autoencendido que estaba hecho de madera gruesa.

Martha Coston y sus hijos se dedicarían a perfeccionar y fabricar las bengalas que diseñara su madre, manteniendo el negocio familiar.

Curiosidades

* Las bengalas Coston se utilizaron antes y durante las batallas para dar órdenes a las tropas de tierra en el desarrollo de la guerra civil americana.

* La Marina las empleaba también para comunicar si un barco era amigo o enemigo, ya que el uso de estas bengalas solo se daba en el bando de la Unión Confederada.

* En 2006, Martha Coston ingresó en el Salón de la Fama de los Inventores Nacionales de los Estados Unidos.

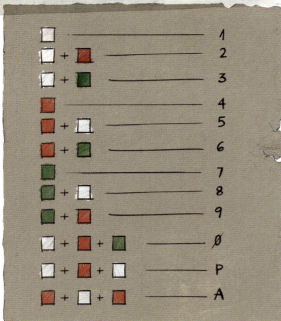

Código de colores de las bengalas

Ejemplo de órdenes usando el código de las bengalas:

1 ¿Preparado?
2 Estoy listo
3 Repetir
11 Enemigo en el frente
12 Enemigo a la izquierda
13 Enemigo a nuestra derecha
21 Enviar tropas a la izquierda
122 Enviar tropas a la derecha

1865
Fermina Orduña

La primera mujer española en obtener una patente

Hoy en día, los avances y las innovaciones tecnológicas en la industria del tratamiento y la venta de alimentos tienen una importancia vital y es fundamental dentro del campo de la salud pública. Sin embargo, la preocupación por mantener la salubridad de la comida que nos llevamos a la boca es relativamente moderna.

Fermina Orduña, sin saberlo seguramente, fue una pionera en la innovación y la tecnología en España. Como ya hemos visto, en nuestro país los avances sociales se producían muy lentamente, por lo que el mérito de Fermina fue enorme, pues, sorteando los obstáculos que se imponían en una sociedad llena de prejuicios que encarrilaban a la mujer al núcleo familiar, consiguió desarrollar un dispositivo y llevarlo al registro de patentes. Se convertiría así en ser la primera mujer española en obtener una patente sobre tecnología en abril de 1865: **Privilegio de Invención español n.º 4006 que se titulaba «Carruaje para caballerizas para la conducción higiénica de las burras, vacas o cabras de leche para la expedición pública».**

Apenas conocemos nada de su vida, salvo que residió en la ciudad de Madrid en 1865.

La intención que perseguía Fermina con la invención de este carruaje era la de transportar hasta el consumidor la leche en unas condiciones higiénicas óptimas, evitando así el cansancio de los animales. Se ganaba salubridad en la leche recién ordeñada que se obtenía de unos animales poco fatigados, limpios y bien cuidados.

El carruaje que Fermina ideó se componía de un pesebre que se llenaba con pienso seco para que los animales tuvieran comida a su disposición y estuvieran bien alimentados, algo fundamental si se quiere que la leche tenga unas buenas propiedades nutricionales. El carruaje podría transportar varios animales y estaba diseñado para poder llevar vacas, burras o cabras.

Fermina pensó también en la conservación de la leche recién ordeñada e ideó la instalación de un envase de agua caliente, al que llamó «calori-lácteo», que, mediante la in-

mersión de un envase de cristal cerrado herméticamente, la leche conservaba durante 20 minutos la temperatura natural que tiene al salir de la ubre del animal.

Con este sistema de venta de leche, se conseguía llegar directamente al consumidor, incluso a los domicilios de las personas que pudieran estar enfermas y que tuvieran que guardar reposo. La leche se ordeñaba allí mismo y se entregaba en el vaso de cristal herméticamente cerrado con el dispositivo calori-lácteo, al día siguiente se procedía a su recogida y se volvía a entregar otro con leche recién ordeñada.

Para valorar como se merece el avance tan excepcional que supuso el carruaje de Fermina, tenemos que conocer las condiciones de venta de alimentos y la tecnología desarrollada y disponible en la España de la época. En 1865, era costumbre tomar la leche cruda directamente del animal, porque se había extendido en la opinión pública que la leche fresca tenía propiedades excelentes y que, como mucho, era conveniente tomar aquel líquido al día siguiente a su extracción. Además, se evitaba hervir la leche, porque como con ese proceso tendía a salir nata y se creía que esto la hacía perder sus propiedades, solo se herviría la leche para fabricar quesos. La sociedad no tenía el conocimiento de que hirviendo la leche se evitaba la proliferación de las colonias de bacterias que existen en ella de forma natural y que, mediante el proceso de hervido, la leche se conserva mejor y durante más tiempo. Las técnicas de pasteurización y esterilización estaban comenzando, por no decir que se encontraban en pañales. El primer proceso de pasteurización de leche se dio en 1907, cincuenta años después del invento de Fermina.

Otro aspecto que hay que tener en cuenta fue la problemática que se dio con el crecimiento de las ciudades, ya que su continua expansión complicaría la distribución de la leche fresca. Se instalaron caballerizas distribuidas estratégicamente en las barriadas para evitar los largos desplazamientos de los animales desde las granjas del extrarradio, algo que se prolongó en muchas localidades españolas hasta bien entrado el siglo xx.

Diseño que hizo Fermina del carromato

1868

Martha Jones

La primera mujer negra en obtener una patente

Poca repercusión social y mediática han tenido las mujeres negras que han contribuido en aumentar la cultura y la innovación de nuestra sociedad, algo que aún a día de hoy sigue siendo norma.

La emancipación de la población negra americana llegó con el final de la Guerra Civil de EE. UU. (1861-1865). Como parte de la población del país, contribuyó al progreso y al avance, también tecnológico, de la sociedad y, como tal, se debía de encontrar la forma de que estos ciudadanos utilizaran sus derechos plenamente. El primero en plantear esta cuestión fue George Washington Murray, un congresista negro que representaba a Carolina del Sur. «Señor presidente, las personas de color de este país quieren tener la oportunidad de demostrar que ellos son también parte de esta gran nación», dijo Murray en el debate de la legislación de la Exposición de los Estados del Sur, en la que se darían a conocer los avances tecnológicos de la industria del algodón. Acto seguido, procedió a leer los nombres y las invenciones de noventa y dos inventores afroamericanos en el registro de patentes del Congreso.

Con la historia tratamos de analizar y descubrir hechos acontecidos hace tiempo, tarea ardua y complicada. Investigando las pistas que va dejando, como miguitas en el sendero, la información recogida en las patentes, descubrimos que no fueron pocas las mujeres negras que contribuyeron al crecimiento de la innovación tecnológica.

Al rastrear las tecnologías documentadas, surge una imagen del pasado más completa. Doscientos años de innovación registrada en la que encontramos a mujeres negras que han contribuido a cambiar la imagen tecnológica actual y que se suman a las mujeres que a día de hoy continúan con esa suma infinita, con su chispa de ingenio, perseverancia, constancia y valentía.

Lamentablemente, los registros de las patentes nos cuentan poco sobre las inventoras en general. Además, en los inicios estaba extendida la práctica de registrar las tecnologías de las mujeres solo con las iniciales para esconder su verdadera identidad.

Así pues, siguiendo la estela de las patentes, sería Martha Jones, del condado de Amelia, la primera mujer negra en recibir una patente en los Estados Unidos (n.º 77494) en 1868. Se trataba de un dispositivo que podía desmenuzar,

pelar y separar de su vaina el grano de maíz en una única operación, lo cual significaba un verdadero paso hacia delante en la industria agraria y la automatización de los procesos agrícolas.

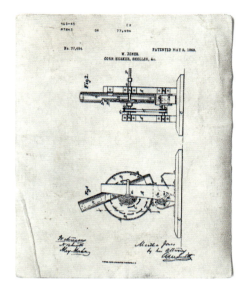

Patente de Martha Jones

La patente n.º 140253 fue otorgada cinco años más tarde a **Mary Jones De León**, residente en Baltimore, en 1873. Mary Jones inventó un dispositivo que servía para calentar los alimentos mediante el calor seco y el vapor. El diseño del aparato muestra que fue un precursor temprano de las mesas de vapor que ahora se encuentran a menudo en los bufés de alimentos para conservar calientes los alimentos.

Mary Jones De León

Patente de Mary Jones de Leon

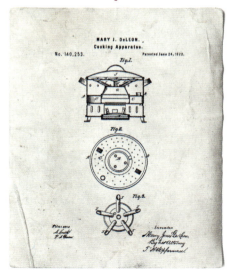

Judy W. Reed

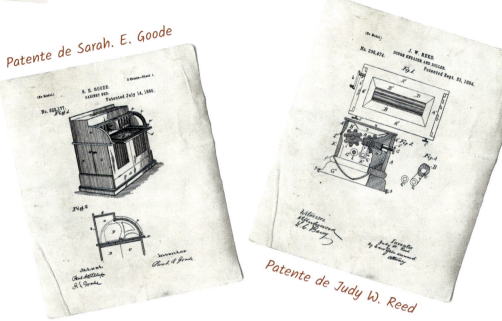
Patente de Sarah. E. Goode

Patente de Judy W. Reed

Sarah E. Goode

Judy W. Reed, de Washington D. C., patentó en 1884 una máquina manual que amasaba y enrollaba la masa (patente n.º 305474).

Sarah E. Goode, nacida en la esclavitud en Ohio, se trasladó a Chicago, donde se convertiría en empresaria y dueña de una tienda de muebles junto a su marido, Archibald. Muchos de sus clientes eran trabajadores que vivían en apartamentos pequeños, y en ellos apenas cabían muebles. De la necesidad de sus clientes de tener muebles multifunción en los que poder almacenar cualquier cosa, Sarah patentó una cama plegable el 14 de julio de 1885. Su cama ayudó a miles de personas a poder aprovechar al máximo el espacio de sus viviendas, ya que cuando estaba plegada, se convertía en un escritorio en el que poder guardar cualquier enser.

1871
Margaret E. Knight

Patentó casi treinta inventos, entre los que destaca la máquina que doblaba y plegaba automáticamente bolsas de papel

«Marimacho». Esto es lo que escuchaba una niña intrépida, curiosa y con un ingenio fuera de lo común que a una temprana edad prefería diseñar sus propios trineos para jugar en la calle antes que hacerlo con muñecas y otros juguetes «adecuados» para niñas.

Su nombre era Margaret E. Knight, nacida en York (Maine) el 14 de febrero de 1838. Con 10 años, ella y su familia se mudaron a Manchester (New Hampshire), donde trabajaría en una fábrica textil junto a su parentela. A los 12 años, fue testigo de un accidente laboral con un telar de la fábrica. Este hecho le haría inventar su primer dispositivo: un mecanismo de parada automática para evitar accidentes, algo que más tarde fue adoptado por otras fábricas de la zona.

En 1867 se traslada a Massachusetts, donde comienza a trabajar en la Columbia Bag Company, en Springfield, una fábrica de bolsas de papel de fondo plano. Margaret pertenecía a la cadena de montaje en la que cortaba, doblaba y pegaba, una a una, cada bolsa; una tarea que se hacía a mano. Margaret llegó a la conclusión de que esta forma de fabricar las bolsas era poco eficiente y enseguida se puso a imaginar cómo mejorar este proceso. Ideó una máquina que hiciera estos tres pasos de manera automática. Inmediatamente, empezó a ensayar con diferentes máquinas de la fábrica, aunque las constantes quejas de su supervisor le pusieron difícil la labor, porque se quejaba a todas horas del dinero que le hacía perder a la empresa por el tiempo que empleaba con sus «experimentos». En apenas un año, Margaret construyó un prototipo en madera de su máquina totalmente funcional que, además, añadía una mejora estructural en las bolsas: un fondo plano que aumentaba su rigidez y permitía que aguantaran de un modo más satisfactorio el peso.

Casi siempre hay alguien que intenta apropiarse vilmente de los triunfos que ellos mismos son incapaces de conseguir, y el caso de Margaret no iba a ser distinto. Para poder registrar su patente, la administración del momento le exigía que presentara en hierro un modelo de la máquina y es aquí cuando Charles Annan entra en escena. El señor Annan se encontraba en el taller donde Margaret fue a encargar el prototipo en hierro y, al ver la idea de Margaret, se dedicó a espiar cómo fabricaban la máquina para construir una igual e ir a registrarla bajo su nombre, lograr la patente antes que Margaret y obtener los beneficios de tal empresa.

Y así ocurrió. El 27 de diciembre de 1870 Charles Annan registró antes que Margaret la patente n.º 110536 con una máquina idéntica a la de ella. La sorpresa de Margaret fue mayúscula al comprobar que su patente era rechazada. Nuestra inventora, que ya había demostrado ser una mujer que no se daba por vencida, estaba dispuesta a presentar batalla para defender su trabajo. Contrató a un abogado y demandó al señor Annan por el robo de la propiedad intelectual de su máquina. Esta demanda fue aceptada por la Oficina de Patentes y se inició el proceso judicial. Durante la vista, la defensa de Charles Annan consistió en argumentar algo que solía servir en aquella época ante los tribunales: que una mujer era incapaz de diseñar una máquina tan compleja e innovadora. Margaret, por el contrario, demostró la evidencia real de que ella era la dueña de la propiedad intelectual con sus planos, apuntes, testigos y el prototipo funcional de madera. El resultado fue que Margaret recibió su patente n.º 116842 sobre una «Máquina de bolsas» el 11 de julio de 1871.

Tras ello, Margaret fundó la Eastern Paper Bag Company con ayuda de un socio comercial en Hartford (Connecticut) para comenzar su máquina. El éxito comercial de las bolsas llegaría en seguida. Los grandes almacenes neoyorquinos R. H. Macy & Co. o Lord & Taylor se convertirían en unos de sus clientes más importantes, porque sus empleados introducían deprisa las mercancías compradas por los clientes, lo que se traducía en una mayor rapidez y, por ende, en más tiempo para vender y aumentar el volumen de compras. El avance tecnológico de Margaret fue tan importante que pronto traspasó las fronteras de los EE. UU. y la reina Victoria de Inglaterra la condecoró años más tarde.

La inquietud y la imaginación de Margaret nunca descansarían y seguiría desarrollando su capacidad innovadora. Patentaría nuevos dispositivos que perfeccionaron su máquina de hacer bolsas entre 1879 y 1880. Durante la siguiente década, se instaló en Framingham (Massachusetts) y empezaría a trabajar en la industria del calzado. Como no podía ser de otra manera, se interesó por introducir mejoras tecnológicas en el sector y patentó en 1890 una máquina para cortar suelas de zapatos de forma automática (patente n.º 436358).

También desarrolló innovaciones tecnológicas en sectores como el de la impresión, el textil, el de la vivienda o el del automóvil, campo enteramente dominado por los hombres. En él, diseñó varios prototipos que mejorarían el motor rotativo a vapor entre 1902 y 1904, o prototipos más complejos y eficientes sobre el motor de explosión.

Pareciera que Margaret quisiera demostrar que las razones del señor Annan en los tribunales no tenían fundamento, ¿verdad?

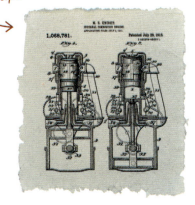

Prototipo de motor de explosión

Dispositivo de mejora del motor rotativo

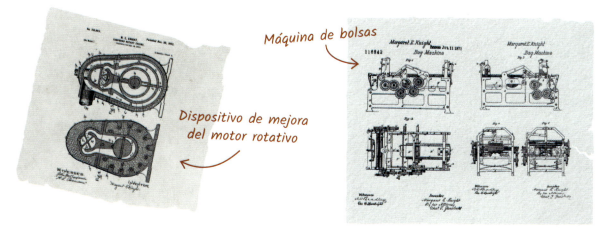

Máquina de bolsas

«Para mí fue algo natural. De niña no me interesaban las mismas cosas que a las otras chicas: nunca encontré encanto alguno en las muñecas. No le veía sentido a abrazar trocitos de porcelana con rostros absurdos; lo que yo deseaba era una navaja, una barrena y trozos de madera. Me llamaban marimacho, pero no me importaba. A veces suspiraba por no ser como las otras chicas, pero llegué a la conclusión de que no lo podía evitar y busqué consuelo en mis herramientas. Siempre estaba haciendo cosas para mis hermanos. Era famosa por mis cometas; y mis trineos eran motivo de envidia y admiración para todos los chicos de la ciudad. **No me sorprendo de lo que he hecho. Solo me apena no haber tenido oportunidades tan buenas como las de los hombres y no haber podido dedicarme a mis diseños con regularidad.**»

Amanda Theodosia Jones

El talento que inventó el envasado al vacío: el «método Jones»

Al igual que Fermina Orduña, Amanda innovó en un aspecto fundamental de la salud pública: la conservación de la comida en óptimas condiciones de higiene y calidad durante el mayor tiempo posible. Su invención de envasado al vacío lleva su nombre y se conoce como el «método Jones».

Amanda nació en Nueva York, el 19 de octubre de 1835, en el seno de una familia que, a pesar de contar con escasos recursos, hacía especial hincapié en la educación de sus hijos. Amanda ya destacaba a una corta edad por sus capacidades intelectuales y con tan solo 15 años se convirtió en maestra de una escuela rural. La fortuna quiso que Amanda tuviera que luchar contra su mala salud, pues sufrió de tuberculosis cuando era muy joven. Este hecho, sin embargo, propició que practicara la escritura y terminó abandonando la escuela para trabajar en la revista mensual *Ladies' Repository* de Cincinnati, en 1854, después de que se publicara en ella un poema suyo. Continuaría con su actividad como escritora durante toda su vida, publicando hasta seis libros: cinco de ellos de poemas, y una autobiografía. Su poesía reivindicaba encarecidamente la figura de la mujer y ponía en valor los preceptos feministas.

No sabemos si debido a sus largos periodos de convalecencia desarrolló una fuerte creencia en las artes espirituales. De hecho, ella pensaba que era médium y alguna de sus decisiones las tomó bajo los designios que le comunicaban los espíritus. Aunque en la década de 1850 el espiritismo cautivaba a toda la sociedad y era algo muy extendido, no debemos caer en la tentación de menospreciar el talento y la brillantez de Amanda.

En 1869 se mudó a Chicago y comenzó a trabajar para varias revistas, escribiendo poemas sobre historias de mujeres que mostraban cómo superaron los obstáculos que la vida les ponía delante y haciendo hincapié que la valentía de actuar puede venir de cualquier persona, especialmente cuando estalló la guerra civil estadounidense. Compaginaría esta actividad con su interés por resolver problemas a través de la innovación tecnológica. Una de estas preocupaciones tenía que ver con la conservación de los alimentos en condiciones salubres. Amanda empezó a experimentar con diferentes frutas, verduras, carnes y postres, hasta dar con el desarrollo de su método de envasado al vacío. En junio de 1873, obtendrá la patente n.º 139580 de sus «Jarras de envasado de frutas». Ese mismo año contaría con la ayuda de su cuñado, el profesor Leroy C. Cooley, y ambos patentarían otra mejora sobre los recipientes de envasado al vacío junto con el informe detallado del proceso de envasado de Amanda (patente n.º 139581A).

Los desarrollos de prototipos tecnológicos no terminarían aquí para esta talentosa mujer. A finales del siglo XIX, se empezó a utilizar el petróleo como fuente de combustible. Esto provocó que el siguiente proyecto en el que se embarcara Amanda fuera en ver cómo mejorar la forma de utilizar el oro negro. Desarrolló un quemador de petróleo automático que permitía su uso en condiciones de seguridad en los hornos para obtener vapor, fundir metales o fabricar vidrio. Logró su patente n.º 225839 el 23 de marzo de 1880. Durante la primera década de 1900 presentaría patentes de mejora de este prototipo.

Aunque la historia no documenta detalladamente que Amanda fuera una declarada feminista, lo cierto es que llevó a cabo acciones totalmente transgresoras que iban en contra del estatus y los cánones aceptados socialmente: no vestía según la moda adecuada para las mujeres de la época y tampoco se casó. Su método de envasado al vacío resultaba tan novedoso y excepcional que Amanda recibió varias ofertas de asociación con otros socios que deseaban comercializar sus patentes, pero ella las rechazó. En su lugar, lo que hizo fue crear la **Women's Canning and Preserving Company**, en Chicago, una empresa de conservas que empleaba únicamente a mujeres. Todos sus cargos, oficiales y empleados, eran mujeres, a excepción del hombre que encendía la caldera.

«Esta es una industria de mujeres. Ningún hombre votará nuestras acciones, realizará transacciones comerciales, controlará nuestros libros, se pronunciará sobre los salarios de las mujeres ni supervisará nuestras fábricas.»

Sin embargo, su iniciativa empresarial fracasó tres años más tarde, pero su defensa de los derechos de las mujeres y la capacidad de gobierno de estas se estableció firmemente.

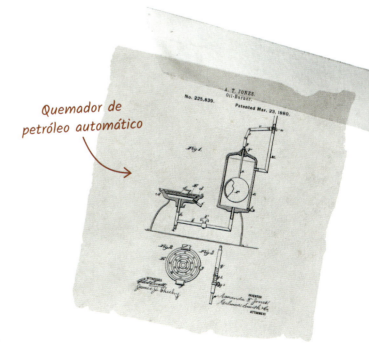

Quemador de petróleo automático

Prototipo de envase de fruta

1879
Mary Elizabeth Walton

Pionera en el movimiento ecologista

No sabemos cuándo nació Mary, pero sí tenemos noticias de que era la propietaria de una pensión y, por este motivo, era habitual tener que agudizar el ingenio y mostrar habilidad a la hora de resolver los problemas que surgen en un negocio de estas características. Así que no es de extrañar que, cuando el ruido y la contaminación del ferrocarril que pasaba cerca de su negocio llegaron a límites insoportables, decidiera abordar el problema innovando tecnológicamente al imaginar un dispositivo que redujera las emisiones de este medio de transporte.

Con el final de la Guerra Civil en 1865, la Revolución Industrial se concentró en las ciudades atrayendo a una gran cantidad de población que abandonaba el entorno rural en pos de los empleos en las fábricas, que crecían a un ritmo vertiginoso. Ciudades como Nueva York pronto se vieron saturadas. A ello hay que sumar también la llegada de millones de inmigrantes europeos que huían de la guerra y el hambre.

El incesante zumbido de las máquinas de las fábricas y de los nuevos medios de transporte, como los trenes elevados, se convirtieron en la melodía y el paisaje cotidianos de las ciudades. A esto había que añadir la contaminación ambiental en forma de densas nubes de humo que empeoraban la calidad del aire debido a las refinerías de queroseno y petróleo, los depósitos de carbón y las plantas de fabricación de fertilizantes o barnices construidas, entre otras, junto a las zonas residenciales.

> «Las calles llenas de un denso humo marrón.»
> Charles Dickens, sobre Londres (1852).

Mary se escandalizaba con el constante ruido, con las capas de polvo y hollín de las estanterías y ventanas de su negocio, con el empeoramiento de la calidad de vida de la ciudad, y se puso manos a la obra para liberar a su vecindario de la contaminación acústica y aérea. Empezó

a trabajar en el desarrollo de un dispositivo que dirigía el humo de las chimeneas de las locomotoras, fábricas y residencias hacia un depósito de agua que capturaba las partículas contaminantes antes de expulsar el humo a la atmósfera o al sistema de alcantarillado. Mary obtuvo la patente n.º 221880 en noviembre de 1879 y su aparato fue tan novedoso y excepcional que los funcionarios británicos declararon que era «uno de los mejores inventos de la época».

La inventiva de Mary no terminaría aquí, porque también estaba decidida a acabar con la contaminación acústica. Utilizando el sótano de su casa como laboratorio, construyó una maqueta de un ferrocarril a modo de prueba, donde hizo pruebas rellenando diferentes recipientes con materiales, como paja, arena, crin de caballo y papeles de periódicos, para comprobar cuáles de estos absorbían mejor las vibraciones de una campana que simulaba ser el ferrocarril. Descubrió que la combinación de alquitrán, algodón y arena absorbía mejor la vibración y el sonido de la campana. Con esta información, desarrolló un sistema para instalarlo en los rieles de los trenes elevados de la ciudad. Tras varias pruebas realizadas con éxito, obtuvo en 1881 la patente n.º 237422 de este dispositivo.

Concienciada por el bien que su invento le haría a la sociedad, vendió los derechos al ferrocarril metropolitano de la ciudad de Nueva York. En poco tiempo, el sistema de contaminación antirruido de Walton se convirtió en un elemento básico en la instalación de ferrocarriles elevados.

El avance tecnológico de Walton fue tal que dejó a muchos estupefactos. Tanto es así que el *Diario de la Mujer* publicó 20 años después: «Los técnicos e inventores más destacados de este siglo habían tomado conciencia del problema. Sin embargo, no pudieron ofrecer una solución y aquí es cuando el cerebro de una mujer resolvió el problema».

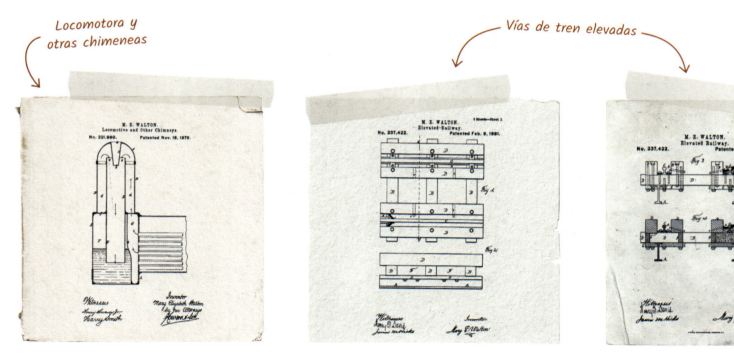

Locomotora y otras chimeneas

Vías de tren elevadas

1882
Maria Beasley

Sus botes salvavidas salvaron miles de vidas

Cuando alguien embarcaba en un navío durante el siglo XIX no sabía si, por desgracia, sucedería un accidente y saldría con vida del naufragio. Es más, podríamos decir que navegar era una actividad de alto riesgo y que naufragar era sinónimo de una muerte segura. Los sistemas salvavidas se basaban en un simple amasijo de tablones atados con cuerdas... hasta que llegó el ingenio de Maria Beasley.

Maria nació en Filadelfia, en 1847, y, aunque su máximo reconocimiento como inventora llegaría con su bote salvavidas, lo cierto es que su ingenio se reveló mucho antes. En 1881, desarrolló un sistema automatizado para el proceso de sujeción de los aros de los toneles de madera, donde se almacenaba el vino y otro tipo de alimentos. El 2 de agosto de 1881, le otorgaron la patente n.º 245050 referente a este sistema, que resultó ser todo un éxito, ya que con su invento se podían fabricar 1.500 barriles diarios. Gracias a las ganancias de la explotación de esta patente, tendría el sustento garantizado, pues le otorgaría unos ingresos anuales de 20.000 dólares de la época, pudiéndose dedicar casi por completo a su actividad como inventora.

Fue en 1882 cuando desarrolló el nuevo diseño de bote salvavidas que revolucionaría la industria de la navegación. Su sistema contaba con flotadores metálicos colocados de forma transversal, candeleros de seguridad y además, se plegaba sin dificultad, lo que los convertía en objetos fáciles de estibar en los barcos y los buques que recorrían largas distancias. El 16 de mayo de 1882 obtuvo su patente n.º 258191.

Presentó su prototipo de balsa en la Exposición Universal celebrada en Nueva Orleans en 1884, la World Cotton Centennial, y pronto se instaló en todos los navíos. Añadiría una mejora a su diseño que patentaría y se convertiría en los botes salvavidas que se instalaron en el Titanic.

Su actividad como inventora fue muy productiva. Llegó a patentar más de quince dispositivos tecnológicos que eran tan diversos como un calentador de pies, un generador de vapor o un sistema antidescarrilamiento para trenes.

1887
Anna Connelly

Su sistema de salida de incendios salvaría millones de vidas

El 25 de marzo de 1911, la fábrica textil de camisas Triangle Waist Co., situada en Manhattan (Nueva York), continuaba con su actividad diaria. Las camisas eran confeccionadas por sus empleados —sobre todo mujeres jóvenes inmigrantes europeas—, con total normalidad, hasta que las llamas tomaron el papel protagonista en uno de los peores desastres industriales de la historia de la ciudad. Murieron 146 personas, 129 trabajadoras y 17 trabajadores, dejando otras 70 heridas de gravedad. Casi todas las víctimas fallecieron entre las llamas o por tirarse al vacío al no encontrar una salida de incendios, algo que conmocionó a toda la sociedad de la época.

Este fatídico suceso sería el germen de dos decisiones fundamentales que repercutirían de forma esencial en la sociedad moderna: se creó el Sindicato Internacional de Mujeres Trabajadoras Textiles, una actividad que empleaba a la mayoría de las mujeres hasta entonces y que sería crucial en el movimiento feminista y en la lucha por la mejora de las condiciones laborales de los trabajadores; y se cambiaron las leyes de seguridad en los sectores industriales y civiles.

En este último punto es donde entra en juego el talento de Anna Connelly, nacida en Filadelfia, quien, consciente del riesgo que suponía el hecho de que un incendio se iniciara en un edificio, desarrolló unas pasarelas a modo de salida de emergencia. Hasta principios del siglo XX, cuando había un incendio, la gente se veía obligada a salir a la calle atravesando las llamas o a subir al tejado, donde finalmente ocurriría la tragedia, ya que las construcciones eran cada vez más altas y las escaleras de los bomberos no llegaban más allá del cuarto piso.

Anna obtuvo su patente n.º 368816 el 23 de agosto de 1887. Su dispositivo consistía en lo siguiente: se colocarían una serie de pasarelas metálicas con barandillas en los tejados de los edificios que permitirían que las personas que vivieran en las plantas superiores pudieran subir a la azotea y cruzar la pasarela hasta el tejado del edificio contiguo. Además, su pasarela contaba con una alarma que avisaba a los vecinos de un posible peligro.

Después del incidente en la fábrica de camisas, la pasarela de Anna se incorporó a la normativa reglamentaria de seguridad y se instaló en todos los edificios. El dispositivo de Anna fue modificado en sucesivas ocasiones, convirtiéndose en el precursor de las escaleras de incendios icónicas que hoy en día vemos en los inmuebles.

La actividad de Anna no terminaría ahí, pues patentó otros quince dispositivos de diversa funcionalidad, aunque pasaría a la historia por ser la creadora de un avance tecnológico fundamental en la seguridad ciudadana.

1890
Elia Garci-Lara Catalá

Diseñó el modelo precursor de nuestras lavadoras actuales

Después del hito histórico que supuso que Fermina Orduña obtuviera su patente, muchas mujeres españolas se animaron a seguir su ejemplo y comenzaron a patentar sus dispositivos tecnológicos en diversos ámbitos (la enseñanza, la química o la fisiología). No obstante, principalmente destacaban en el doméstico, parcela social a la que estaban relegadas.

En este ámbito sobresale Elia Garci-Lara Catalá, nacida en Valencia, pues irrumpe con un avance tecnológico que hoy en día es casi imprescindible: la lavadora. Con su invento mejoraría la vida de millones de personas en las infravaloradas tareas familiares.

Elia obtuvo la patente n.º 10711 en 1890. Su avance tecnológico consistía en un lavadero mecánico para ropa de uso. Su sistema clasificaba la ropa según diferentes criterios: el cliente, la categoría de la prenda, el género y el grado de suciedad. Cuando la ropa era clasificada, se sometía a las prendas a un proceso de prelavado: la «saponificación», una forma de emplear la lejía. A continuación, se lavaban con jabón, se aclaraban y se escurrían a través de un hidroextractor o proceso de centrifugado para aclararlas.

El sistema de Elia era tan avanzado que permitía elegir el secado de las prendas al aire libre o con el aire caliente que procedía de una estufa instalada en el sistema. Finalmente, se procedía a planchar y doblar la ropa limpia y seca.

1893
Margaret A. Wilcox

Gracias a ella, podemos contar con calefacción en nuestros coches

La industria del motor y la automoción han sido dominios masculinos por antonomasia. Pero en cuanto el talento se pone a funcionar, siempre hay una fisura que rompe con esa rutina. Y ese fue el caso de Margaret A. Wilcox.

Sabemos muy poco sobre ella. Nació en Chicago, en 1838, y a los 34 años de edad (el 28 de noviembre de 1893) obtuvo la patente n.º 509415 en referencia a un sistema de calefacción para coches. Su dispositivo consistía en un depósito de oxígeno herméticamente sellado que calentaba el aire utilizando el combustible del propio automóvil, que sería colocado, preferiblemente, debajo de los asientos delanteros del coche.

Sin embargo, la tecnología disponible del momento era incapaz de controlar la temperatura que alcanzaba el depósito, haciendo que el sistema fuera peligroso. Aunque no se pudo instalar de serie en ningún automóvil de la época, serviría de base para mejorar y avanzar en los sistemas de la automoción.

1893
Josephine Cochrane

El primer lavavajillas comercial viable

Aunque no lo pueda parecer, el mérito tecnológico que consiguió Josephine Cochrane fue extraordinario. Un avance así revolucionaría toda la industria de la restauración y, por supuesto, las tareas domésticas y la emancipación de la mujer.

Josephine formaba parte de una familia acomodada de ingenieros y no resulta extraño que ella continuara con la tradición familiar. Su padre, John Garis, era un ingeniero civil que colaboró en la construcción, y su madre, Irene Fitch, era la nieta de John Fitch, un importante ingeniero que innovó en la tecnología naval diseñando el Perseverance en 1787, el primer barco de vapor operativo, que patentó en 1791.

Tras la muerte de su madre y de una de sus hermanas, John Garis se trasladó con el resto de su familia a Ohio y, posteriormente, a Indiana. Allí trabajaría como supervisor de fábricas e ingeniero hidráulico y, tal vez, sin quererlo, transmitió en Josephine ese espíritu y don instintivos para la tecnología y la innovación.

Josephine tuvo acceso a las escuelas más elitistas de la sociedad de la época y comenzó a estudiar en el instituto privado de Valparaíso. Tras el incendio que sufrió la instalación, John mandó a Josephine y a su hermana a Shelbyville (Illinois). Después de graduarse en la escuela secundaria, la vida de Josephine cambiaría radicalmente al conocer a William Apperson Cochran, un próspero empresario textil e influyente político del partido demócrata, masón y miembro de la Iglesia Unitaria. William reunía casi todas las características que una mujer de aquellos tiempos buscaba y, como no es de extrañar, despertó el interés de Josephine. Surgió el amor y se casaron en 1858. Ella contaba con 19 años de edad y él con 27.

A William se le ocurrió probar fortuna en la fiebre del oro de California, pero tras cuatro años de intentos fallidos, el matrimonio regresó a Shelbyville. Gracias a los contactos de William, la pareja se convertiría en el centro social de la ciudad, organizando numerosas fiestas con la élite local. Con tanta actividad frenética, no es de extrañar que alguna pieza de las vajillas de la casa sufriera un accidente

cuando los criados del matrimonio las limpiaban a mano: rotura por caída, brechas al manipularlas, ralladuras... Algo que a Josephine la traía por el camino de la amargura, provocando que a menudo los eventos terminasen en una reprimenda malhumorada al servicio doméstico.

Determinó que sus sirvientes no volvieran a tratar con las vajillas de la casa, una de las cuales se cree que databa del siglo XVII, y decidió que sería ella la que lavaría los platos, algo de lo que también se quejaría porque terminaba agotada. Lavar las vajillas de las casas acomodadas o restaurantes era una tarea fatigosa y muy desagradable. Los malos olores, la suciedad de las vajillas, el calor sofocante que se producía por el agua caliente provocaban que esta actividad resultase extenuante. Además, estaba muy mal remunerada, a pesar de que los «friegaplatos» se podían quedar con la grasa que obtuviesen para vendérsela a los fabricantes de jabón.

Este es el problema que Josephine se propuso solucionar. Una de las mañanas, mientras se encontraba fregando, cansada y enjabonada hasta los codos, se preguntó cómo era posible que nadie hubiera inventado una máquina lavaplatos y tuvo una revelación. De inmediato, se fue corriendo hacia la biblioteca y en media hora diseñó el primer concepto básico de su máquina lavavajillas. Aunque las motivaciones de Josephine fueran otras, lo cierto es que su invento revolucionó y mejoró la vida de muchas personas. La idea del lavavajillas automático no era nueva, ya se habían patentado varios prototipos de estas máquinas, la de Joel Houghton en 1850 y la de Gilbert Richards y Levi. A. Alexander en 1863, pero sin éxito ni relevancia comercial por lo complejo de su instalación y sistema.

La vida de Josephine transcurría sin preocupaciones, más allá del cuidado de sus vajillas, la organización de sus veladas sociales y, de vez en cuando, cierta dedicación a su dispositivo tecnológico, hasta que William Cochran murió en 1883, dejando al descubierto numerosas deudas y desfalcos económicos que condujeron a Josephine a cambiar su apellido de casada (añadió la letra e final) para eludir la responsabilidad que como viuda tendría que asumir con los acreedores de su marido. Este hecho aceleró como una mecha encendida la inventiva de Josephine y se puso manos a la obra con su prototipo de máquina lavavajillas, con la intención de que fuera la fuente de ingresos familiar.

Utilizó los establos de la residencia de los Cochran para construir el dispositivo y contó con la ayuda de un amigo mecánico ferroviario. El sistema básico era muy parecido al de las otras máquinas patentadas: lanzar chorros de agua a presión contra las piezas que estaban colocadas en unos contenedores metálicos. Josephine introdujo varias mejoras. Los contenedores estaban hechos a medida según las diferentes piezas de la vajilla: platos, tazas, vasos y cubiertos. Y la novedad más importante: incluir el agua caliente que era expulsada a presión a través de una bomba manual. Un motor hacía girar los platos en las bandejas metálicas mientras que los chorros de agua enjabonada salían desde el fondo de la máquina y lavaban la vajilla. El invento de Josephine podía lavar hasta 200 piezas en media hora, que, tras pasar por el proceso de lavado, eran secadas con aire caliente en sus respectivas bandejas.

Josephine recibió la primera patente n.º 355139 el 28 de diciembre de 1886 en relación con la «Máquina para lavar platos». Poco después, fundó en Shelbyville la empresa Garis-Cochrane Dish Washing Machine Company con el objetivo de comercializar el dispositivo mediante la visita

Máquina para lavar platos

Ella misma construyó el prototipo del lavavajillas y utilizó los establos de la residencia de los Cochran para construirlo.

a clientes y la publicidad en periódicos dedicados a sectores como los hoteles, restaurantes, comedores sociales, hospitales y colegios. Todo hecho por ella misma. Su primer cliente llegó en 1887 y se trató del hotel Palmer House en Chicago, al que le sucedieron otros tantos de distintas ciudades y estados del país. Las máquinas costaban entre 150 y 800 dólares.

En 1893, Josephine presentó hasta nueve aparatos en restaurantes y pabellones en la Exposición Universal de Chicago, donde ganaría un diploma y una medalla como premio a la mejor construcción mecánica por la durabilidad, productividad y calidad de sus máquinas. Josephine registró otras cinco patentes más de mejoras en su dispositivo principal que tenían que ver con el ahorro del agua, del jabón o de la energía, entre otras, y la de un pequeño modelo de lavavajillas adaptado específicamente para los hogares que se comercializaría a partir de 1911. Josephine Cochrane falleció en Chicago a los 74 años.

Aunque el lavavajillas de Cochrane tuvo un relativo éxito para uso industrial y conseguían unos excelentes resultados, encontraron numerosos rechazos por parte de trabajadores de cocina, que veían peligrar sus empleos. Tampoco llegaron a convertirse en elementos habituales dentro de los hogares a causa de su elevado precio y tamaño, las inapropiadas instalaciones de agua caliente o los prejuicios machistas.

Máquina para lavar platos

1900
Florence Parpart

Con su máquina se consiguieron calles más limpias

Martha Rayne, escritora y periodista, relataba en un su libro *¿Qué puede hacer una mujer?*, en 1893:

«Una señora de Hoboken, después de ver sus ropas manchadas por el barro que salpicaba una torpe máquina barredora, inventó una nueva máquina de limpieza de calles.»

Martha no nombraba a la señora, pero basta con tirar un poco del hilo para suponer que en su escrito se refería a la innovadora Florence Parpart.

Poco más sabemos de ella, salvo que los documentos históricos del censo de los EE. UU. la catalogan como «ama de casa» y han obviado su faceta investigadora durante gran parte de su vida. Nada más lejos de la realidad. Florence se casó con un inventor llamado Hiram Douglas Layman, quien supo ver y valorar el talento innato para la invención de ella y apoyó sus ideas, financiándolas e incluso colaborando en equipo.

Ya existía una máquina barredora de calles patentada anteriormente, pero a ojos de Florence no era eficiente. Se puso manos a la obra para idear otra mejorada, además de crear un sistema de fabricación más perfecto, lo cual favorecía su comercialización. Florence y Hiram obtuvieron el 17 de julio de 1901 su primera patente n.º 762241 con su «Máquina de limpieza de calles». Añadirían mejoras de la máquina que registrarían finalmente en 1904. Su máquina resultó ser tan novedosa e ingeniosa que pronto ciudades como Nueva York o Filadelfia compraron las máquinas de Florence.

El ingenio de Florence no se quedaría ahí. El 24 de marzo de 1914 el matrimonio obtuvo la patente n.º 1090925 gracias a su «Refrigerador eléctrico» que mejoraba y dejaba totalmente obsoletas las neveras de aquellos hogares que tenían acceso a la electricidad. Su refrigerador pronto se convirtió en todo un éxito comercial.

El talento de Florence le hizo también ser una excelente empresaria, porque toda la comercialización, la publicidad de su máquina y las de su marido fueron ideadas y ejecutadas por ella misma. Incluso supervisaba la cadena de producción de sus máquinas.

Podemos decir, sin lugar a dudas, que Florence fue una gran empresaria y una talentosa innovadora.

1903
Mary Anderson

Cuando ideó el limpiaparabrisas, no sabía la importancia que tendría en la seguridad vial

Aún hoy el sector automovilístico es un campo tecnológico y social mayoritariamente masculino y nos cuesta imaginarnos a nosotras innovando, experimentando e ideando avances dentro de la automoción. En retrospectiva, cuesta más aún imaginarse a una mujer haciéndolo a principios del siglo xx. Este hándicap no supuso un obstáculo para ella: Mary Anderson. Su camino, sin embargo, no fue un paseo entre algodones.

Mary nació en Greene, Alabama, en 1866. En 1889, cuando su madre enviudó, se mudaron junto con dos hermanas con la perspectiva de las numerosas oportunidades laborales que una ciudad en crecimiento como Birmingham (Alabama) podía ofrecer. A los 5 años de estar allí, se trasladó a Fresno para gestionar un viñedo y un rancho ganadero. En 1898, tuvo que regresar a Birmingham para ayudar en los cuidados de una anciana tía suya.

Parece que la tía de Mary sabía que ella estaba destinada a hacer algo más grande en su vida, porque tras su muerte se descubrió que en diecisiete baúles de la herencia que le dejó a ella y a su madre habían escondidas cajas de oro y joyas. Esto ponía fin a las preocupaciones financieras de las Anderson y le dio la oportunidad a Mary de innovar y emprender.

En el invierno de 1902 se fue a visitar a unos amigos que vivían en Nueva York. Ese día nevaba y Mary observó cómo el trayecto se alargaba más de lo necesario, no ya por las duras condiciones climatológicas, sino por el hecho de que el conductor tenía que bajar del vehículo constantemente para limpiar los parabrisas. Esto a ojos de Mary era totalmente ridículo, puesto que implicaba un riesgo vial importante, ya que los conductores debían utilizar su intuición para circular, y una pérdida de tiempo.

Varios ingenieros de la industria automovilística sugirieron en su momento la instalación de un «parabrisas dividido» que podía abrirse parcialmente, pero exponía al conductor al contacto directo con el viento y la nieve, y no ayudaba mucho a mejorar la visibilidad. La diferencia con estas ideas es que a Mary se le ocurrió que el dispositivo pudiera limpiar el cristal desde el interior de la cabina del conductor.

Al terminar la visita a sus amigos, de vuelta a Birmingham, comenzó a diseñar varios prototipos del dispositivo de limpiaparabrisas que tenía en mente y encargó los dibujos de los planos a distintos mecánicos expertos en automoción. El resultado de todo su trabajo fue un limpiaparabrisas controlado manualmente que podía ser activado por una palanca desde el interior del automóvil. El limpiaparabrisas estaría recubierto de caucho para limpiar el cristal de nieve, agua o granizo. Encargó la fabricación del dispositivo en una compañía local que tuvo la deferencia de ridiculizar el invento, lo cual no frenó a Mary, quien se fue a la Oficina de Patentes a registrar su diseño.

Mary Anderson obtuvo el 10 de noviembre de 1903 la patente n.º 743801 por un «Dispositivo de limpieza de ventanas para automóvil». Con la patente en su mano, empezó

> En 1905, una empresa canadiense automovilística con la que Mary contactó rechazó su oferta por considerar que el dispositivo tenía poco valor comercial.

a contactar con diversas compañías para comercializar y explotar su invento. En 1905, una empresa canadiense automovilística rechazó su oferta al considerar que el dispositivo tenía poco valor comercial. Todos sus esfuerzos cayeron en saco roto y, desanimada, dejó que la patente caducara en 1920 sin renovarla.

Tan solo dos años después, fabricantes de automóviles tan importantes como Cadillac o Ford añadieron de serie el dispositivo de Mary en la fabricación de sus coches sin que ella tuviera ningún tipo de reconocimiento.

Mary fue inquieta e inteligente, y fiel a sí misma, y su condición de mujer no la frenó por más que los prejuicios sociales se lo impusieran. Nunca se casó y, con los ahorros de la herencia de su tía, se embarcó en la construcción de los apartamentos Fairmont, en Highland Avenue en la ciudad de Birmingham, que gestionaría hasta su muerte en junio de 1953 y dejaría a su familia para que continuara con la trayectoria empresarial.

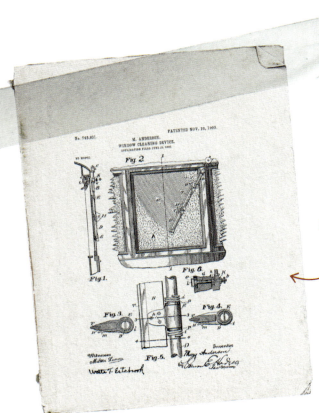

Dispositivo de limpieza de ventanas para automóvil

1908
Melitta Bentz

Sus bolsas de café cambiaron las condiciones laborales de muchos trabajadores

La Primera Guerra Mundial es un hecho histórico que marcó una época convulsa en todo el mundo. Tendemos a fijarnos en la masacre y la violencia acontecidas durante el conflicto, pero por las pequeñas rendijas que nos cede la oscuridad, podemos observar que ocurrieron sucesos extraordinarios de forma paralela.

Y ahí es donde encontramos a Amalie Auguste Melitta Liebscher, nacida el 31 de enero de 1873.

Melitta se casó con Johannes Emil Hugo Bentz y tuvieron tres hijos. Era una mujer que decidió dedicar su tiempo a la laboriosa tarea del cuidado de su casa y de los suyos. Como cada mañana, se dispuso a preparar el café en la cazuela para toda la familia antes de que sus miembros se fueran a trabajar o la escuela, pero ese día en concreto el café le había quedado más amargo y más espeso de lo normal. Efectivamente, los posos de café habían formado grumos que hacían que la infusión fuese más amarga y desagradable de tomar. No había forma humana de ingerir aquello y Melitta empezó a probar diferentes alternativas para hacer que el café fuera bebible; primero utilizó bolsas de lino, pero se manchaban demasiado y es una tela difícil de limpiar.

En la mesa del comedor descansaba uno de los cuadernos de ejercicios escolares de su hijo William y, viendo el papel secante que utilizaba para evitar las manchas de tinta de su pluma, se le ocurrió que tal vez pudiera colar el café a través de aquel papel poroso. Cogió una hoja que metió dentro de una lata de latón que perforó, y coló el brebaje. El líquido que goteaba, poco a poco, desde la lata a la taza, estaba limpio de toda impureza. Este era el nacimiento del café cotidiano que hoy podemos disfrutar en nuestras casas o cafeterías.

Fue así como Melitta inició un imperio empresarial. El 20 de junio de 1908 se dirigió al Kaiserliche Patentamt (Oficina de Patentes del Imperio Alemán) donde le otorgaron la patente por su filtro de café y el 15 de diciembre de ese mismo año registró la empresa comercial M. Bentz. Inició su carrera empresarial contratando a un hojalatero para fabricar los botes que servirían para elaborar los filtros de café. Melitta y su esposo, Hugo, presentaron los filtros

de café en la Feria de Leipzig de 1909, donde vendieron 1.200 unidades.

Los primeros trabajadores de la compañía emergente fueron su esposo y sus dos hijos. En los orígenes, los filtros se fabricaban en la propia casa familiar de los Bentz, los niños entregaban los pedidos en carretillas mientras que Hugo se dedicaba a montar los expositores en las tiendas para mostrar al público la novedad. El éxito comercial de los filtros de café hizo ganar a la empresa de Melitta la medalla de oro en la Exposición Internacional de la Salud y otros reconocimientos de asociaciones de comerciantes. En 1912, la empresa iba tan bien que Melitta pudo contratar a ocho personas de forma indefinida.

Con el estallido de la Primera Guerra Mundial, las vidas de los Bentz y sus trabajadores cambiaron radicalmente. Hugo y Willy fueron reclutados y Melitta se vio forzada a contar con la ayuda de su cuñado para sacar adelante la empresa, que tuvieron que reformar para subsistir durante el periodo bélico dedicándose a la fabricación de cajas de cartón.

Cuando finalizó la contienda y con una relativa vuelta a la normalidad, Melitta volvió a retomar el negocio de los filtros de café. En 1929, la demanda era tan grande que tuvieron que trasladar la fábrica a unas instalaciones más extensas en Minden (Westfalia) y llegaron a emplear a ochenta trabajadores. Por aquellas fechas, la empresa había producido 100.000 filtros de café.

En 1930, Hugo legó su participación en la empresa a Horst (su hijo primogénito) y la compañía pasó a llamarse Bentz & Sohn. Poco después, Melitta hizo lo mismo, legando todo el control de la empresa a sus hijos, aunque ella nunca dejó su fábrica y se mantuvo activa en el negocio con el principal objetivo de mejorar las condiciones laborales de sus trabajadores.

Melitta fue una mujer comprometida con los derechos laborales. Aunque en esa época la explotación de los obreros no estaba regulada por ninguna institución, lo cual provocaba el abuso de muchos empresarios que llevaban al límite vital a sus asalariados, ella se preocupó de que los empleados de su fábrica gozaran de unas condiciones laborales satisfactorias —por aquel entonces extraordinarias—. Entre estas, se incluían derechos como una paga extra por Navidad, una jornada laboral reducida a cinco días por semana, con los fines de semana libres para el descanso de los trabajadores, y quince días de vacaciones al año (lo habitual es que fueran seis).

En 1938 fundó Melitta Aid, un fondo social para ayudar a sus trabajadores, que ha llegado hasta nuestros días.

La guerra volvió a azotar a Europa y la fábrica tuvo otro parón al recibir la orden de producir bienes para el ejército y ayudar en el esfuerzo militar. La producción de los filtros de café se volvió a reanudar en 1948. Melitta falleció el 29 de junio de 1950, dejando un legado económico líder en la fabricación de filtros de café que aún sigue dirigiendo sus descendientes y que es referente de ecuanimidad y justicia laboral.

1908
Concepción Aleixandre

Pionera de la ginecología en España y novena mujer en doctorarse en Medicina

En la España donde nació Concepción Aleixandre, que una mujer decidiera estudiar una carrera universitaria ya era un hecho singular, pero que además pudiera hacerlo era más bien una empresa épica. Ejemplo de esto fue Concepción Aleixandre, que tuvo que disfrazarse de hombre para poder cursar sus estudios universitarios y no ser descubierta. Existía el mito del «Ángel del hogar» que confinaba a las mujeres a la reducida esfera social doméstica y privada. Por ello, el hecho de que una mujer no pudiera estudiar era algo que se tomaba como una obviedad indiscutible, porque el ámbito universitario pertenecía al sexo masculino.

Fue en 1901 cuando se reguló el acceso de las mujeres a la universidad en España, pero a pesar de ello era frecuente que tuvieran que lidiar con la misoginia y el machismo de las aulas y el mundo académico. La revista *El siglo médico* publicaba en 1875:

«Nos limitaremos [...] a repetir que la mujer no puede tener la seria pretensión de seguir la carrera médica sino con la condición de dejar de ser mujer; por las leyes fisiológicas, la mujer médico es un ser dudoso, hermafrodita o sin sexo y en todo caso un monstruo».

A Concepción todos estos prejuicios y normas sociales, al igual que a sus pocas predecesoras —Elena Maseras Ribera, Dolores Alau Riera y Martina Castells Ballespí—, no la frenaron en su camino hacia el doctorado en Medicina y llegó a ser todo un referente que a menudo la historia de nuestro país olvida.

Nació en el seno de una familia acomodada en Valencia, en el año 1862, que le brindó la oportunidad de poder ejercer sus estudios, aunque eso no cambiaba el hecho de que la tarea era muy difícil en la sociedad española de la época. Estudió el bachillerato en el instituto Luis Vives, que terminó en 1883, y acto seguido se matriculó en la Escuela Normal Femenina de Valencia para estudiar magisterio. Aunque la pedagogía era algo que consideraba interesante, nunca llegó a ejercer de maestra porque otra disciplina la atraía mucho más: la medicina.

Así que inició este camino inédito y vetado para las mujeres matriculándose en la Facultad de Medicina de la Universidad de Valencia, para lo cual, tuvo que conseguir un permiso especial del rectorado. Concepción coincidió en la facultad con otra excepcional mujer, Manuela Solís Clarás, y ambas se graduaron en 1889. De las veinticuatro asignaturas, Concepción logró veinte sobresalientes y fue la novena mujer española en lograr un título universitario. Escogió como especialidad la ginecología, doctorándose en Madrid, ciudad donde desarrollaría su actividad profesional.

Inició su carrera laboral como médica auxiliar en el Hospital de la Princesa en 1891 y en 1892 en la Casa Provincial de Maternidad e Inclusa. Combinó esta actividad con una consulta privada en su propio domicilio, donde asistía de forma gratuita a mujeres pobres y excluidas socialmente hasta 1906. A partir de entonces, iría abriendo consultas por la capital madrileña en habitaciones preparadas y en horarios adaptados para personas de distinta clase social. Su trato era tan cercano y cálido que pronto correría de boca en boca y sus consultas ginecológicas se harían famosas, llegando a acudir centenares de pacientes en una sola jornada.

Uno de los motivos más recurrentes que Concepción atendía era la colocación de los pesarios vaginales. Estos eran dispositivos que se utilizaban para funciones anticonceptivas, astringentes, purgantes y para evitar el prolapso de la matriz, algo que sucedía habitualmente después de los partos. Estaban hechos de diferentes materiales como hueso, madera, cuero, esponja, tela, corcho o plantas, y para que se adaptasen a la vagina de las mujeres se impregnaban en sustancias tan variadas como la miel, el aceite, el vino, los ácidos e incluso el estiércol. El ginecólogo Amédée Dumontpallier inventó un pesario de caucho, pero este traía consigo una serie de inconvenientes, como las infecciones y el mal olor.

Por esta razón, Concepción se dispuso a idear un nuevo pesario que evitase este tipo de complicaciones. El resultado fue un dispositivo hecho de aluminio y muelles de acero niquelado que se podía insertar fácilmente en la vagina de la paciente sin necesidad de cirugía. El sistema, además, ofrecía diferentes tamaños y diseños en función de las necesidades anatómicas de cada paciente. Era fácilmente extraíble y se podía limpiar sin dificultades con antisépticos o bien en agua hirviendo.

Inició su carrera laboral como médica auxiliar en el Hospital de la Princesa en 1891.

Concepción registró la patente n.º 47109 a favor de dos pesarios metálicos de anillos reducibles en 1910. Lamentablemente, no llegó a pasar el trámite de su puesta en marcha y terminó caducando en 1912.

Aunque no pudo obtener su patente y comercializar su invento, es muy probable que Concepción utilizara su dispositivo en su consulta para ayudar a las mujeres que llegasen con problemas de prolapsos.

Fue responsable de la publicación de orientación feminista *La medicina social española*, en la que escribió numerosos artículos sobre terapias de salud, pediatría, educación maternal, la obstetricia en la profesión y la defensa de la «cultura de madres», basada en la educación higiénica de las mujeres desde la infancia.

Además de su actividad facultativa, que nunca dejó de ampliar llegando incluso a viajar a clínicas en el extranjero para conocer los progresos en medicina, Concepción fue una gran activista feminista. En 1905, formó parte de la dirección de la Sección de Señoras de la Unión Íbero-Americana de Madrid. La fundación se dedicaba a conseguir mejoras sociales para la mujer en cuestiones como la educación, las condiciones laborales y la salud.

Concepción es un personaje de una relevancia trascendental que nuestra historia no reconoce como se merece. Además de ser una gran profesional de la medicina y de la investigación, es un ejemplo fundamental de tesón y voluntad de querer cambiar la situación de la mujer en este país con su papel como feminista activista. En ello, se incluyen la lucha por la emancipación de la mujer y la visión del feminismo como un movimiento pacifista, generador de prosperidad económica y progreso social.

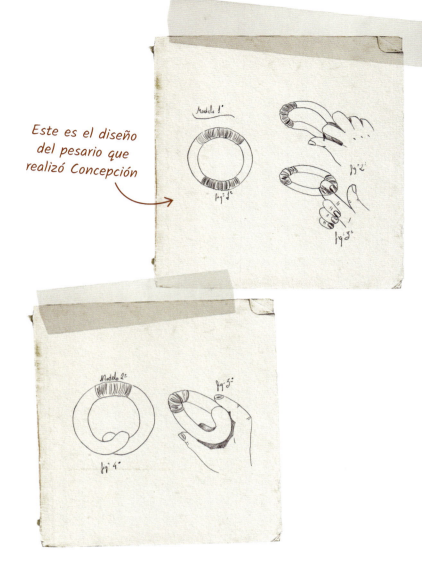

Este es el diseño del pesario que realizó Concepción

Curiosidades

* En 1914, apoyó la candidatura de la escritora Emilia Pardo Bazán para su ingreso en la Real Academia Española.

* En 1918, colaboró en la creación de la Unión de Mujeres de España (UME), organización sufragista, aconfesional e interclasista.

* En 1920, recibió la presidencia honorífica de las Juventudes Femeninas y ayudó a la fundación de la Cruzada de Mujeres Españolas, responsable de la primera manifestación feminista en España que tuvo lugar en 1922.

1914
Marie Curie

La madre de la radiología portátil

Es indiscutible la importancia histórica que tiene Marie Curie. Fue la primera mujer en conseguir dos Premios Nobel: el de Física en 1903 y el de Química en 1911 por sus investigaciones sobre la radiactividad.

Sin embargo, hay una faceta que pasa más desapercibida de Marie y fue la de su vertiente como inventora en una de las épocas más oscuras de la historia: la Primera Guerra Mundial que estalló en el corazón del continente europeo el 28 de julio de 1914.

En septiembre de 1914, las tropas de reserva francesas, junto con cinco divisiones británicas, consiguieron frenar el avance de las tropas del Imperio alemán en Marne, región muy cercana a París. El gobierno francés, consciente del peligro, consideró que los bienes del instituto donde Marie realizaba sus estudios sobre radiactividad eran un tesoro nacional y debían ser protegidos. Así pues, Marie cogió todo su trabajo junto con las muestras de radio, que metió en un contenedor especial, y se trasladó a un laboratorio temporal en Burdeos.

No podía centrarse en sus estudios mientras veía cómo la guerra consumía la vida de tanta gente. Desde el estallido del conflicto bélico solo tenía en mente la idea de salvar el mayor número de vidas posible. Se percató de las dificultades que atravesaban los hospitales de campaña en la contienda armada, que pronto se vieron desbordados ante el gran número de heridos que llegaban desde el frente. Como consecuencia de esto, los hospitales civiles empezaron a recibir a los soldados heridos, pero no contaban ni con personal cualificado de enfermería, ni material, ni medicinas suficientes para atender a los enfermos. Fue la Cruz Roja, gracias a las donaciones civiles, la que se encargó de formar y enviar a 23.000 enfermeras a 750 hospitales de toda Francia a pesar de la nula colaboración económica del gobierno galo.

Con esta perspectiva, Marie en seguida empezó a cavilar cómo aplicar sus conocimientos para ayudar a mejorar la asistencia sanitaria de los heridos en combate. En 1914, la cirugía de guerra aún está en pañales y la mayoría de los soldados heridos mueren por complicaciones en sus

lesiones durante los traslados desde el frente a los hospitales, que a menudo se localizan a más de 100 km de distancia. Para poder tratar de forma eficiente a los heridos de bala o metralla, es necesario localizar con la mayor exactitud posible el proyectil que hay que extraer. Y ahí es donde Marie entra en juego con una nueva técnica innovadora: la radiología.

Las primeras máquinas de rayos X eran muy caras y aparatosas, por lo que solo se encontraban instaladas en los grandes hospitales. Marie ideó un equipo de rayos X portátil que se podía instalar en los vehículos que trasladaban a los heridos desde el frente al hospital y que permitía hacer un diagnóstico rápido por imagen para localizar las lesiones. El coche también dispondría de una sala oscura de relevado y una dinamo con la que alimentar el equipo gracias al motor de gasolina. La rapidez en la atención sanitaria salvó vidas y el invento de Marie permitía ahorrar tiempo en el diagnóstico y precisar con exactitud la lesión del enfermo, algo que evitaba numerosas amputaciones cuando eran trasladados al hospital.

Curie puso en conocimiento del Estado Mayor su dispositivo radiológico para que la ayudaran a financiarlo y lo pusieran en práctica; sin embargo, todo lo que recibió fueron evasivas sin ningún tipo de interés en su invento. Harta de esperar una respuesta del ejército francés, se puso a buscar alternativas de financiación. Ayudada por su hija, Irène, consiguió que sus amigas adineradas donasen sus automóviles y logró que la Unión de Mujeres de Francia pusiera los fondos suficientes para montar una flota de 150 coches con la máquina de rayos X portátil que bautizaron como las «Pequeñas Curies».

Para poder poner en funcionamiento los equipos en el frente, Marie, que ya rondaba los 50 años, tuvo que aprender a conducir, cambiar las ruedas y asimilar nociones básicas de mecánica. Tampoco había manejado personalmente una máquina de rayos X, por lo que tuvo que practicar con sus propios aparatos —gracias también a unas nociones muy básicas de anatomía humana— para ayudar sobre el terreno si fuera necesario. Todas las operarias de estas máquinas fueron mujeres a las que ella misma formó.

La primera furgoneta que se puso en marcha hacia el frente fue conducida por la propia Marie, acompañada de su hija Irène, un médico radiólogo y un chófer. Al llegar a su destino, quedó impactada por la cantidad de carros improvisados como ambulancias que se encontraban aparcados en fila a lo largo de cientos de kilómetros con pacientes a la espera de poder ser atendidos y trasladados a un hospital.

Muchos de los aparatos portátiles se quedaron en los hospitales que atendieron a los heridos de guerra. Se estima que 1,2 millones de soldados fueron examinados por las Pequeñas Curies y las máquinas de rayos X más pequeñas que Marie ayudó a instalar en los hospitales cercanos al frente.

Sin saberlo, Marie Curie innovó en el diagnóstico por imagen, un aspecto fundamental hoy en día en el campo de la medicina.

Ella misma se puso a conducir las Pequeñas Curies para atender a los heridos.

Pequeña Curie por dentro.

«Durante la Primera Guerra Mundial una gran cantidad de vidas que se perdían transportando a los heridos a hospitales cercanos. Ésto llamó perculiarmente mi atención.»

1919
Alice Parker

Nuestros hogares se mantienen calientes gracias a su invención

A lo largo de los siglos, el método para calentar las habitaciones y las cocinas de los hogares familiares era utilizar chimeneas y braseros alimentados con carbón vegetal o la leña de los bosques. La innovación tecnológica en este campo apenas avanzó, a pesar de que con la llegada de la Revolución Industrial surgieron nuevos adelantos tecnológicos que nos ayudaron a mejorar nuestra calidad de vida.

Y aquí es donde entra en acción Alice Parker, que en 1919 fue la primera persona en considerar el gas natural como un combustible para calentar las casas y diseñó un sistema de calefacción central. Su idea fue totalmente revolucionaria y abrió el camino para el desarrollo de la tecnología que en la actualidad utilizamos para calentar nuestras viviendas.

Alice nació en 1895, en Morristown (Nueva Jersey), y cursó sus estudios en la Academia de la Universidad de Howard en Washington D. C. Este colegio era una escuela homologada y conectada con la Universidad de Howard. Esta universidad fue autorizada por el Congreso de los Estados Unidos en 1867 y se consideraba como la «piedra angular de la educación negra» y una de las pocas universidades donde la población de color podía cursar estudios.

A principios del siglo xx, era común que la población negra estudiara en escuelas y universidades hechas exclusivamente para ellos. Incluso si tenían que asistir a una consulta médica u operarse, debían acudir a hospitales que únicamente atendían a población negra.

Alice se graduó con honores en la Academia y acto seguido se matriculó en la Universidad de Howard. Se cree que tuvo su idea del sistema de calefacción sufriendo uno de los inviernos más fríos de Nueva Jersey de todos los tiempos al comprobar que su chimenea no era capaz de calentar de forma eficaz su casa. Pasó tanto frío que se puso manos a la obra y comenzó a diseñar su dispositivo.

Alice Parker obtuvo la patente n.º 1325905 el 23 de diciembre de 1919 gracias a un «Sistema de calefacción». Este hecho fue un hito realmente notable, teniendo en cuenta que Alice era una mujer afroamericana de principios del siglo xx, época en la que las mujeres ya de por sí tenían muchos factores en contra y siendo, además, negra, el abanico de oportunidades era francamente muy limitado.

1928

Madam Walker y Marjorie Joyner

Ambas revolucionaron la industria de la cosmética del siglo xx

Cuando hoy en día paseamos por las calles de nuestras ciudades, podemos encontrar y disfrutar de salones de belleza y peluquerías a cada paso que damos. Pero a principios del siglo xx estos negocios no eran tan habituales y las mujeres trataban y peinaban sus cabellos con métodos caseros y productos que solían dañar el pelo con frecuencia. Cuando Sarah (Madam Walker) empezó a investigar los materiales y las sustancias que le iban mejor para su pelo, inició un punto de inflexión en la industria del cuidado capilar que le hizo ser una empresaria de éxito en la época.

Sarah Breedlove (Madam C. J. Walker) nació el 23 de diciembre de 1867, en el seno de una familia de esclavos de una plantación rural de Luisiana. Fue la menor de cinco hijos y la única que no conoció la esclavitud tras la Proclamación de la Emancipación en 1870 de los ciudadanos afroamericanos de Estados Unidos.

Sarah y su hermana mayor estuvieron trabajando en los campos de algodón de las regiones de Delta y Vicksburg (Misisipi) hasta que su hermana se casó con Jesse Powell. Sarah sufrió abusos por parte de este y, de manera desesperada, contrajo matrimonio con tan solo 14 años con Moses McWilliams para huir de su maltratador, con quien tuvo a su única hija, Leila. Tras la muerte de Moses, Sarah y su hija se reunieron con sus otros tres hermanos en San Luis, donde se habían establecido como barberos.

Para ganarse un sustento trabajó como lavandera, obteniendo poco más de un dólar al día, y consiguió ahorrar suficiente dinero para poder proporcionarle una educación a su hija al tiempo que colaboraba en actividades de la Asociación de Mujeres de Color. Durante este periodo, Sarah empezó a sufrir enfermedades en su cuero cabelludo que le hicieron perder parte de su cabello, probablemente debido a la sosa cáustica que se incluía en los champús y jabones de la época y que se utilizaban para mantener el pelo limpio por más tiempo, puesto que no existía un hábito de higiene rutinario.

Avergonzada por el aspecto de su pelo, empezó a experimentar con una combinación de remedios caseros y productos para el cabello de una empresaria negra llamada

Annie Malone, de la que Sarah se hizo representante, por lo que terminó mudándose a Denver. Allí conoció a un agente publicitario de un periódico local, Charles Joseph Walker, con quien se casó en 1906. Aprovechó esta ocasión para cambiar su nombre a Madam C. J. Walker. Los buenos resultados con los remedios caseros para su cabello fueron tan evidentes, que en seguida empezó a comercializarlos fundando su propio negocio.

Bautizó su fórmula curativa y acondicionadora del pelo como *Madam C. J. Walker's Wonderful Hair Grower* («El maravilloso acondicionador de pelo de Madam C. J. Walker»). Asesorada por su marido, se embarcó en una larga y agotadora campaña de publicidad en todo el sureste de país que obtuvo unos resultados magníficos. Las ventas iban tan bien que puso al frente de la gestión de los envíos a su hija, Leila, mientras ella seguía con las campañas de ventas para expandir su negocio incluso más allá de las fronteras estadounidenses, llegando a países como Cuba, Jamaica, Haití, Panamá o Costa Rica.

Tanto es así que en 1908 abrió una academia en Pittsburg para formar a mujeres en el cuidado del cabello con sus métodos y productos. A estas alumnas se las conocería como las «sanadoras del cabello» e irían de puerta en puerta vendiendo el método Walker.

En 1910 la familia se mudó a Indianápolis, donde establecieron las oficinas principales de la empresa, construyeron una fábrica, otra academia y un salón de belleza. Para entonces, el negocio estaba siendo todo un éxito, llegando a emplear a más de tres mil personas e inaugurando hasta doscientos salones de belleza en todo el territorio estadounidense. Si bien es cierto que los salones funcionaban bien, la principal fuente de ingresos y venta de los productos Walker se debían a sus sanadoras del cabello en las casas de las clientas.

El talento de Sarah y su constante esfuerzo la llevaron a convertirse en la primera mujer millonaria afroamericana gracias al fruto de su trabajo. Comprometida con la independencia de la mujer y sus derechos, aprovechó sus academias para enseñar a las mujeres, principalmente negras, sobre la gestión empresarial y así ayudarlas a emprender sus propios negocios para poder ser independientes. Se involucró en galas benéficas para la recaudación de fondos para becas de la Universidad de Tuskegee, tradicionalmente dirigida a la comunidad negra, dio charlas sobre temas políticos y económicos en convenciones financiadas por instituciones afroamericanas del país, y fundó el Sindicato de Peluqueros (Sanadores) Walker de los Estados Unidos, que sería el organizador de la primera convención de mujeres sobre comercio y negocios.

Madam C. J. Walker murió a los 51 años de edad el 25 de mayo de 1919, considerada como la mujer más rica de los Estados Unidos. En su testamento dejó firmado que dos tercios de las ganancias de su empresa, que heredaría su hija, fueran cedidos a obras benéficas. Su imperio comercial perduró hasta la década de los años ochenta del siglo pasado.

> «No existe un camino lleno de flores hacia el éxito. Y si lo hay, no lo he encontrado. Si he logrado algo en la vida, es porque he estado dispuesta a trabajar duro.»

Marjorie Joyner

Marjorie Joyner y Madam Walker formaron un tándem perfecto que revolucionó la industria del cuidado del cabello a principios del siglo XX. Marjorie conoció a Madam Walker en la A. B. Moler Beauty School de Chicago, donde fue la primera mujer negra en conseguir el graduado. Sin pensárselo dos veces, Joyner aceptó la oferta de trabajo de Walker como asesora nacional de belleza, supervisando los doscientos centros de belleza de Madam Walker de todo el país. Además, se encargó de enseñar a unas quince mil estilistas a lo largo de su carrera profesional a la vez que dedicaba tiempo a la investigación y el desarrollo de nuevas técnicas de cuidado y peinado para el cabello.

El 27 de noviembre de 1928, Marjorie obtuvo la patente n.º 1693515 con «Una máquina de permanente». El dispositivo que ideó permitía rizar el cabello y que fuera relativamente duradero. Su máquina se popularizó en seguida entre las clientas, que conseguían peinados ondulados con mucha facilidad.

Joyner ayudó a redactar las leyes de cosmética de Illinois y, junto a Eleanor Roosevelt, participó en la fundación del Consejo Nacional de Mujeres Negras. Fue muy activa en la comunidad negra de Chicago, recaudando fondos para escuelas y otras actividades benéficas, que propiciaron la alimentación, educación y búsqueda de trabajo de numerosos afroamericanos durante la Gran Depresión tras el crac de 1929.

Marjorie Joyner

Publicidad en los periódicos de los productos de Madam Walker

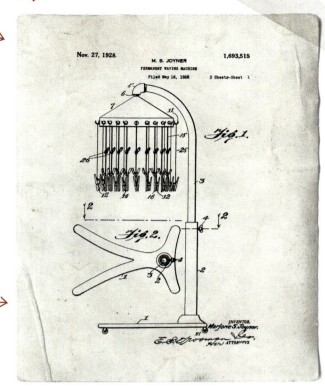

Diseño de Marjorie de su máquina de permanentes

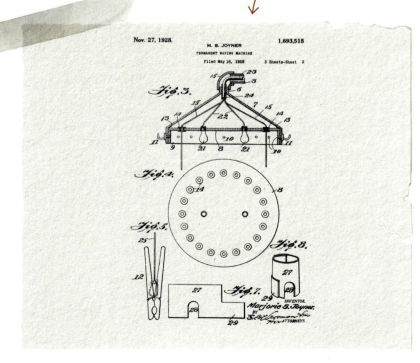

Patente del invento de Marjorie

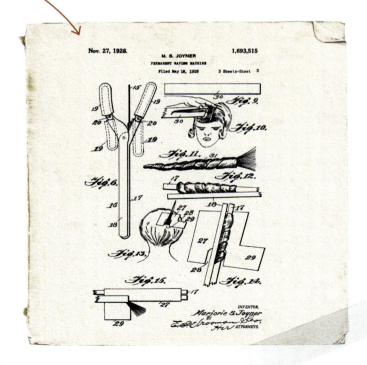

1938
Katharine Blodgett

Gracias a ella, podemos disfrutar del cristal no reflectante que se utiliza en gafas, objetivos, telescopios…

La vida de Katharine comenzó de forma trágica. Antes de siquiera nacer, su padre, George R. Blodgett, fue cruelmente asesinado por un ladrón que entró en su domicilio. Era un prestigioso abogado del departamento de patentes de la General Electrics Company y, a pesar de que la compañía ofreció una jugosa recompensa por su asesino, nunca se pudo saber su verdadera identidad.

Ante estas circunstancias, la compañía se ofreció a hacerse cargo de la familia, que se trasladó a Nueva York poco después de nacer Katharine, en 1898. En 1901, la familia se mudó a Francia, donde Katharine aprendió a hablar francés fluidamente y regresaron a la Gran Manzana (Nueva York) en 1912. Se matriculó en la Escuela Rayson, donde recibiría la misma educación que los chicos que allí cursaban, algo totalmente excepcional para la época, en un sistema educativo en el que se daban escasísimas oportunidades a las mujeres. En aquella sociedad lo único que estas podían hacer de forma productiva era casarse y tener hijos, debido principalmente a una cuestión cultural y económica, ya que los costes para la educación eran muy elevados. Katharine empezó a sobresalir en las asignaturas de física, química y matemáticas por su creativa forma de resolver los problemas.

Con tan solo 15 años de edad, en 1913, consiguió una beca para la Universidad Bryn Mawr, un centro femenino, donde se graduó en Física. A tan corta edad, Katharine ya tenía decidido que quería dedicarse a la investigación y en seguida se fue a visitar los laboratorios de la compañía donde había trabajado su padre con la esperanza de encontrar un puesto allí. Quiso el destino que durante esta visita conociera al químico y físico Irving Langmuir, que conseguiría el Premio Nobel de Química en 1932 por sus trabajos de la química de las películas de aceite.

El doctor Langmuir aconsejó a Katharine que ampliara sus estudios, garantizándole un cargo en la compañía cuan-

do los terminara. Así pues, Katharine se matriculó en la Universidad de Chicago donde se licenció en Química en 1918, únicamente con 20 años. Gracias a su trabajo sobre las capacidades absorbentes del carbono, que realizó junto al químico Harvey B. Lemon, se salvarían muchas vidas durante la Primera Guerra Mundial. Esta contienda bélica fue el comienzo de la guerra química y los estudios que llevaron a cabo Katharine y Harvey sirvieron para crear filtros de carbono en las máscaras antigás de los soldados.

Ese mismo año, se convirtió en la primera mujer que formaría parte de la plantilla de los laboratorios de la General Electrics Company. Katharine entró como ayudante de Irving Langmuir, cuyos estudios estaban centrados en los gases y los filamentos de las bombillas eléctricas. Juntos trabajaron en diferentes técnicas para conseguir revestimientos moleculares aceitosos, diseñados para depositarse en monocapas y recubrir superficies acuosas, metálicas o vítreas.

Para poder alcanzar este objetivo, Langmuir perfeccionó un equipo que inventó Agnes Pockels en 1891. Consistía en una especie de cubeta que medía la tensión superficial de los líquidos.

En medio de estos trabajos en el laboratorio, Katharine toma la decisión en 1924 de irse a Inglaterra a estudiar a la Universidad de Cambridge, donde obtendría el doctorado en Física gracias a su tesis sobre el comportamiento de los electrones en vapor de mercurio ionizado. Se convertiría en la primera mujer en conseguir un doctorado en Física por Cambridge.

Cuando regresó a su puesto en el laboratorio junto al doctor Langmuir, retomaron el trabajo de perfeccionamiento de las bombillas con filamentos de wolframio y, con ello, sentaron las bases de la física del plasma, el cuarto estado fundamental de la materia.

En este momento, Katharine decidió centrar su trabajo en el estudio de los revestimientos monomoleculares, mientras que Langmuir lo hacía en la física del plasma. Así, empezó a perfeccionar la cubeta que Agnes ideara durante años hasta conseguir una precisión en la calibración de las capas de moléculas nunca visto hasta la fecha.

En 1933 desarrollaría el método que medía el grosor de estas capas de moléculas. Es así como Katharine consigue el 16 de marzo de 1938 (aprobada en 1940) su primera patente n.º 2220860 con la «Balanza (aparato o estructura) y el método de preparación de las películas moleculares» («Film structure and method of preparation»). Este es el método que utilizaría para conseguir el vidrio no reflectante. El vidrio normal suele reflejar una parte de la luz que incide sobre él. Sin embargo, si se le aplica un revestimiento de capas moleculares de jabón líquido, se puede conseguir que el 99 % de la luz atraviese el cristal.

Es así cómo nace el cristal no reflectante con el que se fabricarán las lentes de nuestras gafas, los objetivos de las cámaras fotográficas, los telescopios, los parabrisas, las pantallas de televisión y de ordenador, los cristales de nuestras ventanas, los tintes azoicos que se aplican en los CD y DVD en los que se graba la información... Este método se conoce como la «película de Langmuir-Blodgett» y a día de hoy tiene también multitud de aplicaciones en diversos campos de la investigación como, por ejemplo, la síntesis de nanopartículas, la formación de nanocristales y semiconductores, la creación de elementos de electrónica molecular, los aislantes orgánicos para tran-

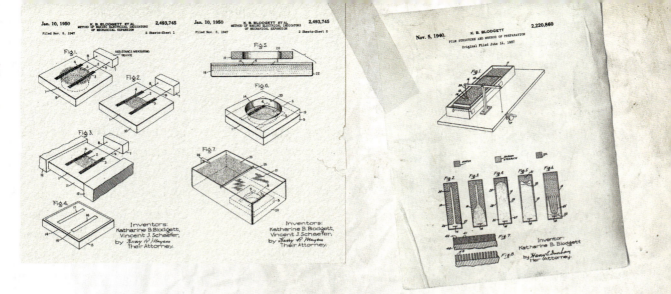

La película de Langmuir-Blodgett, patente de Katharine Blodgett

sistores, la creación de membranas biológicas para permitir el estudio de seres vivos (bacterias, virus, etc.) o las reacciones farmacológicas…

El invento de Katharine hizo que obtuviera cierta relevancia mediática, no por el producto en sí, sino por el hecho de que fuera una mujer científica.

Katharine recibió ocho patentes más a lo largo de su vida, todas ellas referentes a las monocapas que, junto a toda su carrera como trabajadora en el laboratorio de General Electrics, ayudarían a establecer la química de superficies como una rama consolidada dentro de la química física y a sentar las bases de la física de plasmas.

Dejó su trabajo en el laboratorio de General Electrics en 1963, tras 45 años de carrera profesional. Falleció en la ciudad de Schenectady a los 81 años de edad.

Agnes Pockels

A menudo pensamos que únicamente se puede hacer ciencia o investigar en un laboratorio profesional, pero no son pocas las ocasiones en las que se descubren avances científicos en las cocinas de nuestros hogares. Esto es lo que le pasó a Agnes Pockels.

Agnes Luise Wilhelmine Pockels nació en la Venecia del Imperio austríaco de 1863. Los años venideros iban a formar parte de una de las épocas más convulsas que se vivirían en el continente europeo. Cuando su padre enfermó de malaria en 1871, la familia tuvo que mudarse a la ciudad de Brunswick, en la Baja Sajonia, año en el que la región entraría a formar parte del II Reich alemán. En 1914, se iniciaría la Primera Guerra Mundial y en Alemania se proclamaría la República de Weimar, como resultado de la derrota del país en la guerra. Por este hecho, Brunswick se convirtió en un estado libre que entraría a formar parte del III Reich instaurado por Hitler en 1933.

Desde muy pequeña, Agnes mostraba un gran interés por aprender, por las ciencias naturales y muy especialmente por la física, mientras estudiaba en el Instituto Municipal para Niñas de Brunswick. En aquellos tiempos, las mujeres no podían tener acceso a la universidad y cuando, poco a poco, esta limitación se abría paso, Agnes tampoco pudo asistir porque su familia tenía otros planes en mente para ella. Agnes tuvo que renunciar a su educación para dedicarse a las tareas domésticas, el rol social habitual de toda mujer en la época. No tuvo más empleo que el de ama de casa. A su cargo estaban su padre enfermo y su hermano pequeño, pero aun así, se convirtió en una investigadora que haría grandes descubrimientos e incluso llevaría a cabo grandes avances tecnológicos en el campo de la física experimental.

A diferencia de ella, su hermano pequeño, Friedrich Carl Alwin Pockels, sí que tuvo acceso a los estudios universitarios que Agnes deseaba cursar y fue a través de los textos que este estudiaba como Agnes tuvo a su alcance la literatura científica que anhelaba conocer. Su hermano se decantó más por el aspecto teórico de la disciplina mientras que a Agnes le encantaba la experimentación, quizá por los recursos con los que contaba. Cuando sacaba tiempo de sus tareas cotidianas, Agnes experimentaba con lo que tenía a mano: el agua sucia de fregar los platos de su propia cocina.

Observando esta agua mezclada con el jabón y la grasa de los restos de los platos, descubrió la influencia de las impurezas en la tensión superficial de los fluidos. Pero no se quedó ahí. Para medir esta tensión, ideó y construyó su propio instrumental, al igual que diseñó un método cuantitativo para medir el tamaño de las moléculas y la tensión de las monocapas de aceites, grasas y jabones; método con el que lograría una gran precisión. Este prototipo instrumental, construido a partir de una sartén de estaño, planchas y una balanza hecha con hojalata, se conoce como la «cubeta Pockels», que sería la que años más tarde utilizarán y perfeccionarán Langmuir y Katharine Blodgett en sus estudios.

Su hermano, conocedor del gran valor de los estudios que estaba realizando Agnes, la animó a escribir al mejor químico-físico experimental de la época: John William Strutt, lord Rayleigh, que más tarde ganaría el Premio Nobel por su descubrimiento del argón.

El 10 de enero de 1891, Agnes escribió:

«Milord:
Ruego me disculpe por haberme tomado
la aventura de molestarlo con esta carta
de una ciudadana alemana sobre un tema
científico. Habiendo oído hablar de las
fructíferas investigaciones llevadas a cabo
por usted el año pasado en las, hasta ahora,
poco conocidas propiedades de las superficies
acuosas, pensé podrían interesarle mis
propias observaciones sobre el tema [...].
Por varias razones, no estoy en disposición
de publicarlas en las publicaciones científicas,
y, por lo tanto, he elegido este medio
para comunicarle mis investigaciones más
importantes sobre ellas [...]. Pensé que no
debía ocultarles estos hechos que yo he
observado, aunque no soy un físico profesional.
Nuevamente, le ruego me disculpe mi audacia.
Quedo a la espera de sus noticias
con mi más sincero respeto.»

Lord Rayleigh, consciente de la importancia de los estudios de Agnes, el 2 de marzo de ese mismo año se puso en contacto con el editor de la revista *Nature*, cuya carta así decía:

«Le estaría muy agradecido si pudiese
encontrar espacio para la traducción
adjunta, realizada por lady Rayleigh, de
una interesante carta que he recibido de
una dama alemana, quien con aparatos
muy hogareños ha llegado a resultados
valiosos con respecto al comportamiento
de las superficies acuosas contaminadas.
Los primeros párrafos de la carta de la
señorita Pockels cubre casi el mismo
terreno que parte de mi trabajo reciente
y, en lo principal, está en armonía con
él. Las secciones posteriores me parecen
muy sugerentes, suscitando, si no las
responden, muchas cuestiones interesantes.
Espero encontrar pronto una
oportunidad para repetir algunos de los
experimentos de la señorita Pockels.»

La carta de Agnes salió publicada en la revista *Nature* ese mismo año y, con ella, sentó las bases de la investigación de las películas superficiales. Aunque la comunidad científica alemana no reparó en su persona, Agnes recibió una invitación para continuar sus investigaciones en el laboratorio de la Universidad de Gotinga, que tuvo que rechazar porque sus responsabilidades familiares se lo impedían. Ahora también tenía que cuidar del miembro más famoso, su hermano pequeño que había sido nombrado catedrático de Física teórica en Heidelberg.

Aun así, Agnes publicó dos veces más en *Nature* y en otros semanarios de divulgación científica alemanes de la época. Todo esto quedó truncado con el estallido de la Primera Guerra Mundial. Solo empezaría a ser reconocido su trabajo como investigadora al cumplir los 70 años, cuando, en 1932, la Universidad Politécnica de Brunswick le concedió un doctorado *honoris causa* en ingeniería, el primero que se le otorgaba a una mujer como inventora del método cuantitativo para medir la tensión superficial.

Curiosidades

La película *Lo que el viento se llevó* (1939) fue la primera producción cinematográfica en la que se utilizaron cámaras de rodaje y proyectores con el vidrio que inventó Katharine.

También se emplearon en los periscopios de los submarinos, telémetros y cámaras aéreas de los aviones durante la Segunda Guerra Mundial. Durante este conflicto bélico, Katharine también desarrolló un sistema para deshelar las alas de los aviones, mejoró el diseño de las máscaras de gas que ya investigara en su juventud o la producción de niebla artificial que usaron los aliados en Italia y Francia en 1943 y 1944, respectivamente.

Langmuir alabó desde sus inicios el trabajo de Katharine, considerándola una excepcional experimentadora dotada con una infrecuente combinación de capacidad teórica y práctica.

Recibió numerosos premios y reconocimientos. Entre estos, destacan:

* Posdoctorados honorarios concedidos por las universidades estadounidenses de Elmira (1939), Brown (1942), Western de Arizona (1942) y Russell Sage (1944).

* Premio de la Asociación Americana de Mujeres Universitarias (1945).

* Medalla Garvan de la Sociedad Americana de Química (1951).

* Día de Katharine Blodgett por el Ayuntamiento de Schenectady (1951).

* Medalla al Progreso por la Sociedad Fotográfica de América (1971).

1941
Hedy Lamarr

Su sistema secreto de comunicación es el precursor del actual wifi o Bluetooth

Hedwig Eva Maria Kiesler nace en el seno de una familia acomodada judía en Viena, en 1914. Hija de un banquero de Lemberg y de una pianista de Budapest, pronto destacó en el colegio por sus grandes capacidades intelectuales y sus profesores llegaron a considerarla una superdotada. Su educación continuaba en casa, ya que se crio escuchando las piezas que su madre interpretaba al piano y ella misma llegó a tocar el instrumento a la perfección. Además, su padre, al que también le interesaba la tecnología, fomentaba y cultivaba la mente prodigiosa de Hedwig, que se interesaba por cómo funcionaban las cosas ya a muy corta edad. Con 5 años, Hedy desmontó y volvió a montar de forma totalmente exacta una caja de música que tenía entre sus juguetes. Mientras daban paseos por Viena, su padre le contaba cómo funcionaban los tranvías, por ejemplo, al tiempo que la llevaban a la ópera, al teatro o al ballet.

Llegó a la universidad y cursó estudios de ingeniería en telecomunicaciones con tan solo 16 años, pero su carácter complejo e inquieto la llevó a dejarlos para dedicarse a la interpretación y cumplir así el sueño que ella tenía de ser actriz.

Con 19 años, empezó su carrera artística en el teatro berlinés siendo alumna del director Max Reinhardt. Pronto sería conocida mundialmente por su primera película, *Éxtasis*, que fue muy polémica porque era la primera vez que se narraba un orgasmo femenino y se filmaba el primer desnudo integral en la gran pantalla. La película ocasionó tal escándalo que el papa Pío XI la condenó y Hitler la censuró argumentando que estaba protagonizada por una actriz judía.

Después de eso, Hedwig volvió a subirse al escenario en el musical *Elisabeth de Austria*, compuesto por Fritz Kreisler, por el que obtuvo un gran reconocimiento. Después de esta interpretación, se casó con una de las figuras más influyentes de la época, el magnate de la empresa armamentística y proveedor del ejército nazi, Fritz Mandl, a

pesar de su origen judío. Era un hombre controlador y celoso, que la convirtió en su trofeo. Era tal el control que ejercía sobre ella, que solo le permitía salir de su mansión si iba acompañada por él y obligaba a sus criadas a escuchar las conversaciones telefónicas de Hedwig.

Harta de esta situación y temerosa de la situación política del país, intentó escapar de su marido durante dos años. En 1937, la muerte de su padre supuso el punto de inflexión que hizo que Hedwig ideara el plan de escape definitivo. En la mansión se celebraban numerosas cenas y fiestas con la burguesía y la clase política alemanas debido al cargo que ostentaba su marido. En una de estas citas sociales, Hedwig seleccionó personalmente a las criadas que la ayudarían. Según algunas fuentes, contrató a una que se parecía muchísimo a ella. Aprendió a imitarla durante meses y en una de las cenas que se organizaron, la drogó con un somnífero, cogió sus joyas y las cosió en su abrigo. Se puso el vestido de servir de la criada y escapó durante la noche montada en su bicicleta, poniendo rumbo al ferrocarril. El viaje no fue sencillo, pues los guardaespaldas que la vigilaban siguiendo órdenes de su marido estuvieron a punto de atraparla durante los días que la acecharon.

Llegó a Francia y consiguió el divorcio. Después de esto, se dirigió a Londres, donde sus padres tenían amigos. Su estancia en la capital inglesa supondría un cambio radical en la vida de Hedwig. Allí conoció a Louis B. Mayer, jefe cofundador de los estudios de cine Metro-Goldwyn-Mayer, quien le ofreció un contrato de 125 dólares semanales, recordándole que «las nalgas de una mujer son para su marido, no para los espectadores» y que tendría que trabajar dejándose la ropa puesta. Hedwig rechazó la oferta por considerarla insuficiente, algo que, seguramente, dejó impresionado al magnate del cine.

Sin embargo, Hedwig recapacitó sobre su decisión y reaccionó rápido reservando un pasaje en el transatlántico SS Normandie, el mismo en el que Louis B. Mayer viajaría de regreso a los Estados Unidos. Hedwig se aseguró de captar la atención del magnate y así sucedió. Hedwig llegó a Estados Unidos con un contrato de 500 dólares a la semana y rebautizada como Hedy Lamarr, el último descubrimiento de la Metro-Goldwyn-Mayer, a pesar de que no supiera hablar ni una pizca de inglés.

Después de protagonizar *Argel* se convertiría de inmediato en una estrella, aparecería en todas las portadas de cine y se la consideraría una de las actrices de referencia. Este día nació Hedy Lamarr; el resto es historia del cine.

Tras las largas jornadas de grabación en los estudios de cine, Hedy no dejaba de inventar e imaginar prototipos tecnológicos en su casa. En 1940, en Europa se libraba la Segunda Guerra Mundial y Estados Unidos se mantenía neutral. Los submarinos alemanes estaban ganando la batalla marítima, hundiendo los barcos que partían del país hacia Inglaterra con provisiones y los que llegaban con refugiados europeos. El 23 de septiembre de 1940, llegó la noticia de que un barco con doscientos noventa y tres refugiados, ochenta y tres de ellos niños, había sido hundido por un torpedo de un submarino alemán.

Hedy, que tenía un profundo rencor hacia los nazis, reaccionó ante la catástrofe y dijo: «Haré algo al respecto». De tal modo que empezó a idear la forma en la que podría ayudar al bando de los aliados en la guerra. En un artículo escribió: «Tuve la idea cuando pensé en cómo equilibrar la balanza en favor de los británicos. Pensé que un torpedo, controlado por radio, lo conseguiría».

El desarrollo del invento le hizo rehusar una de las películas más importantes de la historia del cine. Dijo que no a la Warner Brothers y a *Casablanca*.

Cuando presentó su invento a la Marina le dijeron: «Ya sabe, contribuiría más a la guerra, señorita, si saliera a vender bonos en lugar de pretender inventar nuevos tipos de torpedos».

La idea era revolucionaria y suponía una gran ventaja sobre el enemigo: poder cambiar la trayectoria del proyectil desde el barco que se disparaba dificultaría enormemente su interceptación y destrucción. El problema era que las frecuencias de comunicación desde la radio del barco hasta el torpedo no eran seguras; el enemigo podría detectar la frecuencia de comunicación con el torpedo e interferirla inutilizándolo...

En 1939, salió al mercado un mando a distancia de la Philco Radio Company, que permitía cambiar de emisora de radio a distancia. Hedy se interesó por este aparato cuando empezó a desarrollar su idea y a partir de ahí comenzó a imaginar la forma en la que fuese seguro comunicarse con un torpedo a distancia.

Así que se le ocurrió lo siguiente: en lugar de utilizar una única frecuencia de radio para comunicarse con el torpedo, por qué no emplear varias, cambiando de frecuencia de forma constante y sincronizada. Si se saltaba de frecuencia, tal y como se hacía con el mando de Philco, los barcos se podrían comunicar con el torpedo de un modo totalmente seguro y secreto. Fue así como nació el salto de frecuencia. Este concepto de comunicación fue sencillamente brillante.

La teoría ya estaba en marcha, pero Hedy no sabía cómo ponerla en práctica. En una de las numerosas fiestas que se organizaban en Hollywood, conoció al pianista George Antheil, un compositor vanguardista avanzado a su tiempo. Trabajaron juntos en un sistema de comunicación secreto, basado en la idea de salto de frecuencia de Hedy. George le dijo a Hedy: «Ya tengo el sistema». Se trataba del sistema de sincronización de las pianolas. Si los rollos de las pianolas servían para sincronizarlas y activar las teclas, ¿por qué no usarlos para hacer cambiar de frecuencia en un barco y un torpedo?

El sistema que idearon constaba de lo siguiente: colocar dos rollos en miniatura similares a los de las pianolas en los barcos y en los torpedos. Los rollos empezarían a desplazarse al mismo tiempo y girarían a la misma velocidad, de tal modo que un barco y un torpedo podrían comunicarse de forma segura y secreta siguiendo el mismo patrón de frecuencias. Hedy y George querían, además, que los torpedos y los barcos se comunicaran con un patrón de ochenta y ocho frecuencias diferentes, lo que componía un sistema de comunicación encriptado casi indescifrable.

El 10 de junio de 1941 presentaron la solicitud de patente en el registro n.º 2292387 referido a un «Sistema de comunicación secreto». La patente les fue concedida el 11 de agosto de 1942, cuando Estados Unidos dejó de ser neutral y entró en la guerra.

El invento era tan bueno que el Consejo de Inventores, del que formaba parte el vicepresidente de la General Electrics Company, Charles Kettering, se interesó por él y quisieron ayudarlos con los aspectos más técnicos de este. Les pusieron en contacto con el notable físico Sam S. Mackeown, experto en electrónica, que les ayudó a diseñar la electrónica del aparato.

Ese mismo año, Hedy y George presentaron su invento a la Marina de los Estados Unidos. En un principio se interesaron por él, pero finalmente lo descartaron por considerarlo de difícil aplicación. Estimaron que había problemas en su mecanismo, resultando ser un sistema demasiado vulnerable e inadecuado. Por ello, la patente se guardó en una caja fuerte por tratarse de un material de alto secreto y se dejó olvidada durante todo el tiempo que duró el conflicto bélico.

En 1957, cuando la patente de Hedy ya había caducado, los ingenieros de la Sylvania Electronic Systems Division recuperaron el invento y desarrollaron la tecnología del sistema de comunicación secreta, que en seguida fue adoptado por el Gobierno para las transmisiones militares. Su primera aplicación se produjo durante la crisis de los misiles de Cuba en 1962. A partir de este momento, las aplicaciones del sistema ideado por Hedy fueron en aumento tanto en el aspecto militar como civil: el sistema norteamericano de defensa por satélite (Milstar), drones de vigilancia, navegación por GPS o en la tecnología wifi o Bluetooth.

Hubo algo que la Marina sí consideró de utilidad: la sensualidad y la fama como estrella de Hollywood de Hedy. De hecho, le dijeron: «Ya sabe, contribuiría más a la guerra, señorita, si saliera a vender bonos en lugar de pretender inventar nuevos tipos de torpedos». Tomó nota del consejo. Aun sin haber sido reconocida como ciudadana estadounidense, Hedy se puso a trabajar y consiguió recaudar unos veinticinco millones de dólares en bonos de guerra, el equivalente a unos trescientos cuarenta y tres millones de dólares actuales.

Saber que Hedy tenía una faceta de inventora tuvo como consecuencia que las películas que la Metro le asignaba fuesen de segunda categoría. En ellas se mostraba una imagen totalmente sexualizada de Hedy, con el único objetivo de mejorar la moral del ejército. Hedy pensó que en los estudios consideraban que era mala actriz y al propio Louis B. Mayer no le gustaba en absoluto que se conociera a Hedy como algo más que una cara bonita porque pensaba que eso le restaba fuerza a su imagen de diva. Decidida a cambiar este rumbo que estaba tomando su carrera cinematográfica, cogió las riendas de su vida y produjo su propia película en 1946: *La extraña mujer*. Fue algo totalmente inusual y la industria no se lo tomó nada bien. No era bueno que las estrellas escaparan de su absoluto control produciendo sus propios filmes. Una vez más, Hedy se adelantó a su tiempo.

Su vida personal no fue afortunada y, junto al declive de su carrera cinematográfica, la llevaron al consumo masivo de pastillas. Su cleptomanía hizo que la detuvieran en varias ocasiones, y se obsesionó con la cirugía estética.

Curiosidades

El reconocimiento de Hedy como inventora llegó muy tarde:

* En 1997, le otorgan el Pioner Award.

* Ese mismo año, junto a George Antheil, recibe el Bulbie Gnass Spirit of Achievement Award y una distinción honorífica concedida por el proyecto Milstar.

* En 1998, la Asociación Austríaca de Inventores y Titulares de Patentes le concede la medalla Viktor Kaplan.

* En 1999, se organiza un proyecto mediático como homenaje a la actriz e inventora más singular del siglo xx.

1948
Mária Telkes

«La reina del Sol» - Pionera de la energía solar

Hoy en día el concepto de energía renovable y su utilización como fuente de energía limpia y sostenible parecen muy modernos. Sin embargo, la idea de emplear la energía solar como fuente de energía se remonta a principios del siglo XX.

Una mujer adelantada a su tiempo pensó que este tipo de energía era la mejor opción que había que tener en cuenta como recurso energético: Mária Telkes, una auténtica pionera en el campo de la tecnología solar.

A pesar de los avances tecnológicos que se llevaban a cabo, después de la Segunda Guerra Mundial, el desarrollo de las energías renovables se ve truncado, porque estaba directamente relacionado con la industria de los combustibles fósiles, que no quería perder la partida. La consecuencia de esto se vio traducida en que cualquier tipo de avance tecnológico, inmediatamente, se veía atacado con gravedad por agresivas campañas que las grandes industrias extractoras orquestaban para desprestigiarlo y captar nuevos clientes.

Mária Telkes nació en Budapest (Hungría) en el año 1900. Mostró interés por la energía solar estando en la escuela secundaria. Cuando la terminó, ingresó en la Universidad de Budapest, donde se licenció en Fisicoquímica en 1920. Cuatro años más tarde obtuvo el graduado y en 1925 se trasladó a Estados Unidos para trabajar como biofísica en el hospital de la Cleveland Clinic Foundation.

El fin de la guerra dejó ver de nuevo un problema acuciante que ya en el crac de 1929 causó estragos entre la población: grandes capas sociales no podían hacer frente al coste del gasoil necesario para calentar sus hogares en los duros inviernos.

Este fue uno de los factores más importantes que hicieron que Mária investigara e imaginara nuevas formas de conseguir energía. Estuvo doce años trabajando para el hospital en el estudio y la experimentación con diversas fuentes energéticas. Consiguió la ciudadanía estadounidense en 1937 y se trasladó a la Westinghouse Electric para desempeñar la labor de ingeniera en el Departa-

mento de Conversión Energética que tenía como objetivo conseguir la transformación de la energía térmica en electricidad.

En 1940, empezó a colaborar con el MIT (Massachusetts Institute of Technology) uniéndose al Proyecto de Energía Solar, en el que desarrolló nuevas formas de capturar la energía solar y sus prototipos: un sistema solar de destilación de agua de mar, que se incluyó en los kits médicos del ejército durante la Segunda Guerra Mundial. Su trabajo en el MIT fue muy fructífero. Diseñó el sistema de calefacción solar para la Casa Solar Dover.

Esta casa experimental fue diseñada por Mária junto a la arquitecta Eleanor Raymond. Se construyó en 1948, en Dover, Massachusetts, y su coste rondaba los tres mil dólares (unos treinta y dos mil en la actualidad) que fueron financiados por la escultora Amelia Peabody.

Esta casa fue la única en el mundo diseñada científicamente para que se calentase mediante energía solar.

Su diseño partía del innovador diseño bioclimático que ya hiciera Eleanor. La vivienda tenía forma de cuña, cuyo aspecto parecía el de una casa cortada por la mitad, de tal manera que fuese lo más eficiente posible para recoger la luz solar. Los ventanales estaban formados por dieciocho ventanas que cubrían el primero y el segundo piso, y estaban orientados al sur, que es lo más idóneo para recibir más luz del sol.

Detrás de estos ventanales, Mária instaló unos con colectores solares térmicos conectados a unos paneles de vidrio y metal que absorbían la luz que pasaba a través de las ventanas. Existía un problema de abastecimiento energético los días nublados que Mária solucionó utilizando un material llamado «sal de Glauber»: un proceso de almacenamiento de la energía solar que se basaba en procesos químicos mediante la cristalización de una solución de sulfato de sodio decahidratado.

Una vez almacenada, la energía se distribuía por la casa con unos ventiladores que expulsaban el aire caliente por medio de unas tuberías instaladas entre las paredes de la vivienda. Los contenedores de esta sal podían llegar a tener una capacidad de veintiuna toneladas. Para calcularlo, Mária analizó los datos de la Oficina Nacional del Clima y descubrió que Boston no había pasado más de nueve días sin sol en los últimos sesenta y cinco años. Así que calculó que con veintiuna toneladas de sal bastaría para poder calentar la casa durante unos diez días al año sin sol.

Sin embargo, el periodo de prueba no duró más de tres años, en los que la vivienda fue totalmente funcional y donde habitó una familia, ya que no recibieron más fondos para perfeccionar el diseño ni para seguir investigando en las mejoras tecnológicas necesarias en este prototipo de casa experimental.

En 1952, la Society of Women Engineers le otorgó el premio al reconocimiento de su trabajo, lo que la convirtió en un modelo de inspiración para muchas mujeres.

En 1953, Mária se mudó a la Facultad de Ingeniería de la Universidad de Nueva York, donde estableció un laboratorio dedicado únicamente a la investigación de la energía solar.

Aquí realizaría numerosos proyectos, como diseñar el primer refrigerador termoeléctrico, desarrollar los primeros sistemas de almacenamiento solar, y estudiar las primeras aplicaciones de generadores termoeléctricos solares en el espacio.

Recibió una subvención de la Fundación Ford para el desarrollo de un horno solar que podía alcanzar los doscientos grados Celsius. Este era óptimo para las zonas rurales donde no había electricidad y el coste del gas era muy elevado.

Su carrera no tuvo frenos y dedicó toda su vida a la investigación y al desarrollo de nuevos prototipos tecnológicos que pudieran aprovechar la energía solar. Su labor fue reconocida mundialmente. Recibió el Premio Charles Greeley Abbot en 1977 y, tras décadas dedicadas a la investigación, en 1995 regresó a su país natal, Hungría, donde falleció.

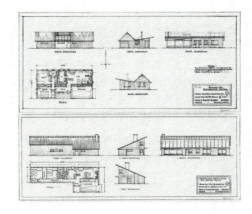

Diseño de la Casa Solar Dover

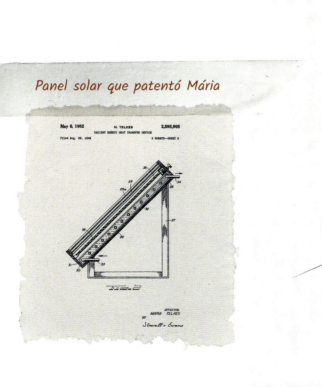

Panel solar que patentó Mária

1949
Ángela Ruiz Robles

Suyo es el primer prototipo de libro electrónico

Ángela nació en una España muy diferente a la de hoy. En los años cuarenta, España era un país que estaba en plena posguerra civil, donde el avance tecnológico más popular era la radio. El automóvil era un objeto de lujo reservado para una pequeña parte de la población: la más adinerada. Y en la mayoría de los hogares no había neveras, ni lavadoras e incluso ni refrigeradores o agua corriente en los pueblos más remotos.

La sociedad en la que se tuvo que desenvolver era mayoritariamente analfabeta, sin incentivo para la invención o el emprendimiento, en la que el principal objetivo era subsistir. A esto hay que sumar, además, que el acceso a los estudios superiores seguía estando reservado principalmente a los hombres. Si una mujer quería investigar o estudiar en la universidad, se le ponían numerosas trabas, cuando no se le prohibía directamente.

Así pues, Ángela destacó en un mundo de hombres y prueba de ello son las palabras de Pilar Primo de Rivera, fundadora de la Sección Femenina, en 1942:

«*Las mujeres nunca descubren nada; les falta, desde luego, el talento creador, reservado por Dios para inteligencias varoniles; nosotras no podemos hacer nada más que interpretar, mejor o peor, lo que los hombres nos dan hecho.*»

Ángela nació en León, en 1899. Con 23 años de edad, se trasladó a Galicia, a la localidad de Santa Eugenia de Mandiá, donde consiguió su plaza de maestra nacional en unas oposiciones. A Ángela le encantaba su profesión. Para ella, los alumnos eran los protagonistas de sus clases y el método educativo empleado hasta la fecha pasó a ser algo secundario. Ella quería facilitar el aprendizaje de los niños, haciéndolos partícipes, despertando su interés por las cosas en lugar de obligarlos a memorizar conceptos y listas de los ríos nacionales o de los reyes godos.

Además, a doña Angelita, como la llamaban sus alumnos cariñosamente, le gustaba interesarse por ellos fuera del horario lectivo. Iba a visitarlos a sus casas para comprobar cómo llevaban la lección, donde el trato era más personalizado e incluso les daba clases de apoyo en caso de necesitarlo. Fue en este momento cuando Ángela vio la cruda realidad de la sociedad española: una sociedad empobrecida, en la que los padres, que no sabían ni leer ni escribir, tenían que trabajar largas jornadas y no podían preocuparse por la educación de sus hijos. Además,

en caso de necesidad, estaba totalmente normalizado el hecho de que los niños accedieran con más frecuencia al mercado laboral antes que a la escolarización.

Ante este panorama, Ángela decidió ampliar sus clases particulares a los padres de sus alumnos. Fue tal su acogida que las autoridades locales, a petición popular, le otorgaron un premio por su gran labor social.

Al cabo de unos años se muda definitivamente a Ferrol donde continúa con sus labores pedagógicas después de sus clases. En 1934 fue nombrada gerente de la Escuela Nacional de Niñas en el Hospicio de Ferrol. Allí, impartía clases a las niñas huérfanas enseñándoles a tener, aparte de una educación básica, un oficio con el que poder vislumbrar un futuro que de otra forma hubiera sido imposible en una sociedad que las habría sentenciado a la exclusión social.

Pero la vida le dio un duro golpe a Ángela: se quedó viuda y con tres hijas a su cargo. Se sobrepuso y, a pesar de sus labores como madre, ama de casa y maestra, sacó tiempo durante las noches para escribir e inventar nuevos métodos de enseñanza. Su principal objetivo no era otro que el de facilitar el aprendizaje de las distintas materias a niños de preescolar y primaria, principalmente, ya que, como hemos dicho, la escolarización terminaba cuando el niño tenía edad para poder ir a trabajar.

Toda esta frenética tarea de innovación en la enseñanza dio como resultado la publicación de un total de dieciséis libros sobre la materia desde 1939, entre los que se encuentran: *Compendio de ortografía castellana*, *Ortografía castellana*, *Taquigrafía martiniana abreviada moderna*, *Atlas gramatical*, *Atlas científico-gramatical*...

El conflicto bélico de la Guerra Civil en España supuso un gran tropiezo en la labor pedagógica que Ángela desarrollaba en el hospicio y tuvo que reinventarse fundando la Academia Elmaca (nombre que inventó a partir de los de sus tres hijas: Elena, Elvira y M.ª del Carmen). En esta escuela se impartirían clases a los jóvenes a los que la guerra les había arrebatado el futuro, donde, al igual que ocurría en el hospicio, se les enseñaba una educación básica y un oficio con el que poder ganarse la vida.

Ya en 1945 retomaría sus clases en la docencia pública en el Instituto Ibáñez Martín de Ferrol, donde acabaría jubilándose como directora. Pero esto no impidió que Ángela siguiera con sus tareas «extraescolares». Continuó investigando e ideando nuevas formas de hacer llegar la educación de una forma más fácil para sus alumnos. Y como resultado de esta constancia, inventa el libro mecánico: patente n.º 190698, que presentó el 7 de diciembre de 1949 en el Registro de la Propiedad Industrial referida a «Un procedimiento mecánico, eléctrico y a presión de aire para la lectura de libros».

Esta sería la primera de las dos patentes en innovación tecnológica que Ángela obtendría. Se trataba de un libro interactivo, en el que se podía aprender cualquier materia, y la información era presentada de forma gráfica, sonora o textual, e incluso luminosa, con tintas luminiscentes en la oscuridad que se empleaban en los dibujos y que contaba, además, con el uso de materiales impermeables para evitar su deterioro. Otra de las características del invento de Ángela era el poco peso y su tamaño, características que facilitaban su transporte del colegio a casa y de casa al colegio por parte del alumno. Para esto, Ángela tuvo en cuenta que en su fabricación se emplearan materiales ligeros como el papel, la cartulina, el plexiglás o

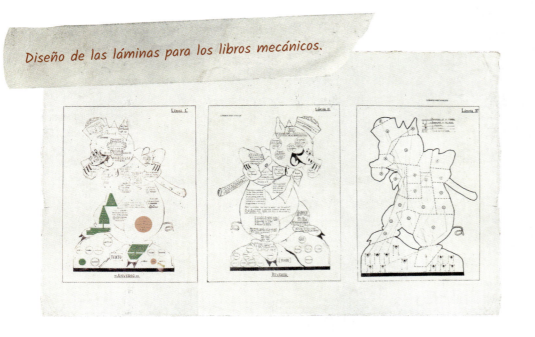

Diseño de las láminas para los libros mecánicos.

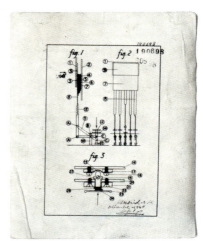

Patente Nº 190.698 - Procedimiento mecánico, eléctrico y a presión de aire para lectura de libros (libros mecánicos)

«Venimos a este mundo no solo a vivir nuestra vida lo más cómoda y mejor posible, sino a preocuparnos de los demás, para que puedan beneficiarse de algo ofrecido por nosotros.»

la goma elástica. Fue tal su entusiasmo en este prototipo, que Ángela imagino todo un modelo de venta de sus libros mecánicos, con diferentes formatos y tamaños, que incluían láminas independientes. Por desgracia, y a pesar de los esfuerzos por comercializarlos, los libros no encontraron financiación y nunca vieron la luz.

Pero la mente de Ángela nunca dejaba de trabajar y, movida por el objetivo de conseguir abaratar el coste de producción para poder comercializar sus libros mecánicos, los siguió desarrollando y mejorando dando como resultado lo que sería su patente estrella: la enciclopedia mecánica. Si con los primeros libros, tenía presente en su diseño la funcionalidad para que al alumno le fuera fácil aprender, la enciclopedia mecánica supuso todo un portento tecnológico de diseño funcional. Una vez más Ángela está avanzada a su tiempo, pues si observamos cómo estaban diseñados los primeros coches u ordenadores, estos no tenían en cuenta precisamente este rasgo de cara al consumidor.

El 10 de abril de 1962, Ángela Ruiz Robles solicita la patente n.º 276346, que corresponde a «Un aparato para lecturas y ejercicios diversos» del que sí vería la fabricación de un prototipo. Fue construido en el Parque de Artillería de Ferrol, empleando materiales como el bronce, el cinc y la madera. Sus dimensiones eran de 24 cm x 22 cm y pesaba unos 4,5 kilos, como cualquier otro libro normal. Podríamos decir que el aparato se dividía en dos secciones: una para la adquisición de conocimientos básicos (lectura, cálculo, gramática) y otra para el estudio de las asignaturas.

El libro no tiene páginas. Las materias están contenidas en bobinas, parecidas a los carretes de las cámaras fotográficas, y pueden ser intercambiables por otras distintas. Además, se puede incorporar sonido y hasta cristales de aumento, para facilitar la lectura.

En 1971, la enciclopedia de Ángela estuvo muy cerca de ser comercializada gracias a la colaboración del Instituto Técnico de Especialistas en Mecánica Aplicada, que desarrolló un estudio previo y un anteproyecto de fabricación del aparato, que incluía un novedoso material por aquel entonces: el plástico. En este estudio se analizaba la viabilidad de producir diez mil unidades de la *Enciclopedia Mecánica* con un coste final de entre 50 y 75 pesetas, para que fuese accesible y para que todos los alumnos pudieran beneficiarse de este avance tecnológico, independientemente del poder adquisitivo de sus familias.

Pero todos estos esfuerzos no pudieron hacer realidad el sueño de Ángela de ver su libro mecánico en las manos de los alumnos españoles, a pesar de que tuvo varias ofertas para comercializar su patente en otros países, como Estados Unidos, por ejemplo. Ángela rechazó la propuesta porque tenía la esperanza de que, hechos todos los números y los estudios de viabilidad, alguna empresa española quisiera comercializarlo. Deseaba que el invento se desarrollara en su país natal. Nunca fue así. Y pese a todo ello, en ningún momento perdió la fe. Prueba de esta actitud es que siguió pagando las cuotas para mantener su patente hasta el año de su muerte: 1975.

En la actualidad podemos ver expuesto este prototipo en la sede coruñesa del Museo Nacional de Ciencia y Tecnología.

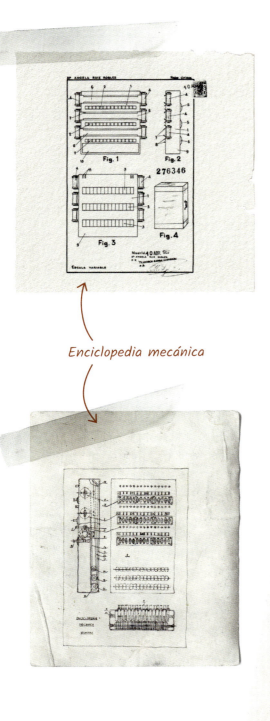

Enciclopedia mecánica

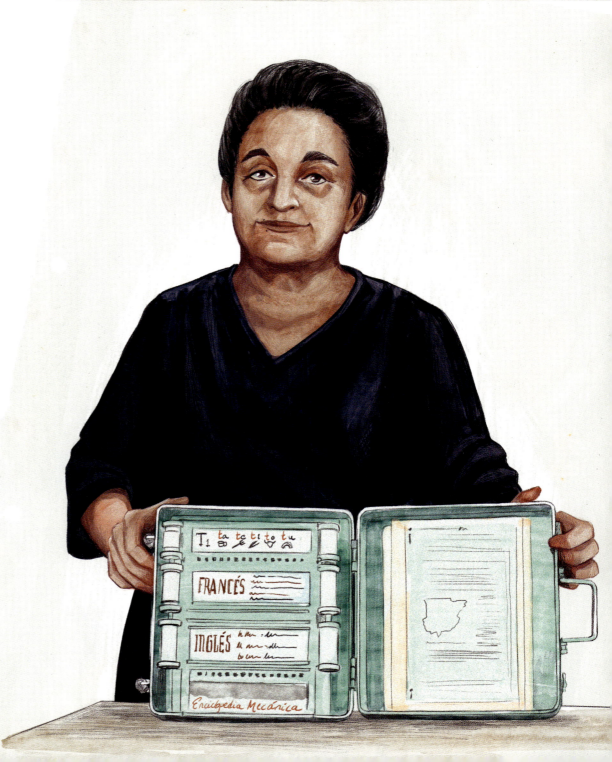

«(...) Firmas extranjeras se han interesado por la compra de mi patente, pero mi deseo es que sea España la que pueda beneficiarse de mi trabajo.»

1951
Gertrude Belle Elion

Se han salvado muchas vidas gracias a sus medicamentos contra el cáncer

Gertrude nació el 23 de enero de 1918 en el seno de una familia de emigrantes. Su padre era lituano y su madre, polaca. Él trabajaba como dentista y pasaba consulta al lado de una pequeña habitación contigua, donde Gertrude vivió hasta los 7 años. Con el florecimiento del negocio familiar y la llegada de su hermano pequeño, se mudaron a un apartamento más espacioso y prosperaron durante la década de 1920. Al poco de nacer su hermano, llegó su abuelo desde Europa y este empezaría a compartir más tiempo con Gertrude, dado que su madre estaba centrada en el cuidado del bebé.

El colapso de los mercados y de la bolsa en el crac del 29 golpeó duramente a la familia. Todos sus ahorros desaparecieron y, por si esto no fuera poco, Gertrude, con tan solo 15 años, fue testigo de la muerte de su abuelo, al que estaba muy unida, debido a un cáncer de estómago. Esta pérdida fue un revulsivo y la motivó para querer aprender sobre la enfermedad e investigar el modo de curarla.

Gertrude se había graduado en la escuela secundaria, pero con las finanzas familiares bajo mínimos, sus opciones educativas superiores eran limitadas. Dado su currículo tan brillante, se le concedió una beca para asistir al Hunter College, el colegio de mujeres de la Universidad de Nueva York, únicamente con 15 años, dos menos que los habituales en el resto de alumnas. Aquí se graduaría en Química a los 19.

Las dificultades económicas de la familia de Gertrude no mejoraron durante la década de 1930, lo cual hizo que no pudiera continuar con sus estudios. Así pues, decidió buscar trabajo como química, lo cual iba a ser una tarea difícil o casi imposible. La escasez de mujeres en este campo hacía que muchos laboratorios rechazasen su solicitud de empleo.

Finalmente, cubrió una vacante como profesora de bioquímica en la Escuela de Enfermería del Hospital de Nueva York, pero solo le duraría tres meses. No se dio por vencida y, en lugar de resignarse, aceptó un puesto no remunerado como asistente en un laboratorio donde adquirió experiencia y en el que por fin acabó siendo contratada. Ganaba 20 dólares a la semana y, junto con la

ayuda de sus padres, consiguió ahorrar lo suficiente para empezar sus estudios de posgrado en Química en la Universidad de Nueva York, donde sería la única mujer en las aulas de esta especialidad. Compaginó sus estudios dando clases de Química y Física en las escuelas públicas de la ciudad.

Consiguió su título en 1941, lo que la ayudó a encontrar trabajo como controladora de calidad en la empresa de alimentos Johnson and Johnson. Sin embargo, a Gertrude este empleo no la satisfacía, ni económica ni profesionalmente, porque ella lo que quería era investigar.

Después de muchos años y tras realizar numerosas entrevistas de trabajo, probó suerte en la compañía farmacéutica Burroughs Wellcome, situada en un pueblo cercano a Nueva York: Tuckahoe. La entrevista fue tan bien que ese mismo día acabó contratada como asistente del doctor George Hitchings, que dirigía un pequeño laboratorio que formaba parte de la compañía. A partir de aquí (1944), empezaría una larga asociación científica que duraría 40 años.

Poco a poco, Hitchings le fue delegando más responsabilidades dentro del laboratorio y esto le permitió a Gertrude plantearse la obtención del doctorado en Química. Así pues, compaginó su trabajo con los estudios en la Facultad de Brooklyn, pero le pusieron un impedimento, y es que, para poder sacarse la carrera, tenía que dejar su trabajo para estudiar a tiempo completo. Gertrude se negó rotundamente.

Habló con Hitchings sobre la problemática que le había surgido en la universidad y este le aseguró, para sorpresa de la propia Gertrude, que con su talento no era necesario tener el doctorado para seguir avanzando en sus investigaciones. En efecto, el doctor Hitchings no se equivocaba.

Durante su trabajo en equipo, en la década de 1950, Gertrude amplió sus conocimientos en diversos campos: microbiología, enzimología, inmunología y farmacología. Centró su trabajo en las purinas, que son unos compuestos orgánicos que se encuentran en las vísceras y en algunos pescados y vegetales. En pocos años, el enfoque de este tándem dio sus frutos.

En 1948, Gertrude sintetizó por primera vez la diaminopurina dando como resultado los primeros fármacos eficaces en el tratamiento de la leucemia linfoblástica aguda. La síntesis de estos medicamentos marcó un antes y un después en la historia de la medicina. La mercaptopurina, un derivado de la diaminopurina, es considerado el primer fármaco anticanceroso eficaz en la lucha contra la leucemia infantil.

En 1950, Gertrude sintetizaría la pirimetamina, un medicamento exitoso contra la malaria. Sus investigaciones continuarían y obtendría fármacos eficaces en el tratamiento de enfermedades como la gota, la artritis reumatoide, la leishmaniasis, los primeros antivirales para la varicela o el herpes, y la sintetización de los primeros fármacos que se usan para aliviar los efectos secundarios de la quimioterapia.

Otro gran fármaco que sintetizó fue la azatioprina, que suprime el rechazo del sistema inmune hacia el tejido extraño. Con este medicamento fueron posibles los trasplantes de riñón entre donantes diferentes. Más de medio millón de personas en todo el mundo se han beneficiado de este fármaco desde 1963.

En total, Gertrude tiene a su nombre cuarenta y cinco patentes de medicamentos. Su constancia y su esfuerzo son todo un ejemplo y, como ella decía: «Nada en la vida llega fácilmente, por lo que no debemos tener miedo a trabajar duro».

En una entrevista de trabajo, fue rechazada por temor a distraer la atención de los trabajadores que, por supuesto, eran todos hombres.

«Estaba muy unida a mi abuelo. Vino de Europa cuando yo tenía 3 años y vivió con nosotros. Y, entonces, lo vi morir en el hospital. Literalmente. Esto me causó una tremenda impresión. Fue cuando decidí que ninguna persona debía sufrir tanto.»

Curiosidades

* En 1983, se retira de forma profesional, aunque nunca dejaría la actividad. Ese mismo año se convierte en la presidenta de la Asociación Americana para la Investigación del Cáncer. Fue asesora de la OMS y del Instituto Nacional del Cáncer.

* En 1988, recibe, junto a su colega Hitchings, el Premio Nobel de Medicina, convirtiéndose en una de las 10 mujeres que lo habían ganado hasta ese momento. Para entonces, la Universidad de Brooklyn, que la había instado a dejar su trabajo junto a Hitchings, le concede su doctorado honorario.

* En 1991, se convierte en la primera mujer en ingresar en el Salón de la Fama de los Inventores Nacionales de Estados Unidos y se le otorga la Medalla Nacional de la Ciencia.

1952
Grace Murray Hopper

Ayudó a sentar las bases del lenguaje de programación COBOL

Grace nació el 9 de diciembre de 1906 en Nueva York. Proviene de una familia de tradición militar dentro de la Armada Naval de los Estados Unidos. Al igual que otras muchas mujeres que comparten páginas en este libro, a Grace le atraía saber cómo funcionaban las cosas desde muy pequeñita. De hecho, a los 10 años desmontó y volvió a montar todos los relojes de su hogar.

Sus padres apoyaron los estudios tanto de ella como de su hermano, pues querían que su hija tuviera las mismas oportunidades que su hijo para labrarse un futuro más allá de las normas dictadas por la sociedad. Así pues, Grace estudió en varias escuelas privadas para mujeres antes de ingresar en el Vassar College de Nueva York en 1924, donde se especializó en Matemáticas y Física.

En 1928 se graduó con honores y poco después obtuvo una beca para cursar un máster en Matemáticas en la Universidad de Yale, donde se graduó en 1930 y se doctoró en 1934, siendo la primera mujer en hacerlo. Trabajó como ayudante en el Departamento de Matemáticas y Física del Vassar College impartiendo clases hasta 1943, año en el que decide, al igual que hiciera su abuelo anteriormente, alistarse a la reserva naval de los Estados Unidos.

Fue a la escuela de cadetes navales para mujeres, graduándose la primera de su clase como teniente en 1944. Dados sus conocimientos en matemáticas, Grace fue asignada a la Oficina del Proyecto de Computación de Artillería en la Universidad de Harvard. Fue allí donde empezó a trabajar con el lenguaje de programación en el proyecto de computación de la Mark I, que dirigía el comandante Howard Aiken.

Esta máquina, que Aiken había diseñado y construido a principios de 1937, estaba basada en la máquina de Charles Babbage que fascinó a Ada Lovelace y fue el primer ordenador electrodoméstico fabricado por IBM. Constaba de 760.000 ruedas, 800 kilómetros de cable, 1.400 interruptores y medía 15 metros de largo y 2,40 metros de alto. Era capaz de realizar cinco operaciones aritméticas: suma, resta, multiplicación, división y referenciar resul-

tados anteriores. Además, la máquina contenía 72 registros mecánicos de 23 dígitos cada uno. El tiempo que tardaba en efectuar un cálculo era de entre 2 y 5 segundos.

La Mark I empezó a hacer sus primeros cálculos para la Oficina de la Marina en mayo de 1944.

Al terminar la guerra, Grace quiso continuar en el proyecto y en la Armada, pero al haber cumplido el máximo de años con el que se permitía estar de servicio, se rechazó su solicitud. Se le permitió estar como reserva, por lo que pudo continuar con el desarrollo de la programación de la Mark I, la Mark II y la Mark III, que ahora estaban siendo utilizadas por una compañía de seguros. Se le atribuye la popularización del término «bug» referido a un error informático, porque estaba allí cuando un día la Mark II se detuvo a causa de una polilla enganchada en uno de los relés de la máquina que impedía su funcionamiento.

En 1949, Grace deja Harvard y empieza a trabajar para la Eckert-Mauchly Computer Corporation de Filadelfia. En esta compañía participó en el desarrollo de los ordenadores BINAC y UNIVAC I para los que Grace, en 1952, crearía el primer compilador de la historia de la programación: el B-0. El compilador traducía las instrucciones de un programa a lenguaje máquina.

En 1957, una versión mejorada de este compilador sería conocida como FLOW-MATIC y se diferenciaba en que podía traducir las instrucciones de un programa escrito en inglés. Este compilador se utilizaba, básicamente, para el cálculo de nóminas.

Con el éxito y el avance que supuso el FLOW-MATIC en el mundo de la programación, Grace ayudó a sentar las bases del lenguaje de programación COBOL (Common Business-Oriented Language), un lenguaje orientado a las aplicaciones empresariales. Este lenguaje fue el primero que ofreció una interfaz fácil de los recursos disponibles de un ordenador, de tal forma que el usuario no necesitaba tener conocimientos de los detalles específicos de la máquina. Además, permitía programar desde distintos ordenadores, algo que era totalmente novedoso porque, antes de la llegada de COBOL, cada máquina necesitaba un lenguaje de programación específicamente creado para ella.

En 1966, se retiró de la Marina con el rango de comandante. Al año siguiente, sus conocimientos fueron de nuevo requeridos, esta vez para ayudar a estandarizar los lenguajes de programación de la Marina. Finalmente, en 1986 se retira del servicio militar con 79 años, siendo la oficial más antigua en activo hasta el momento.

Curiosidades

* En 1962, es nombrada «Hombre del año» por el Instituto de Ingenieros Eléctricos y Electrónicos.
* En 1973, es la primera mujer que entra a formar parte como miembro distinguido de la British Computer Society.
* En 1991, se le concede la Medalla Nacional de Tecnología de los EE. UU.
* En 1996, se fleta un buque de la Marina al que llaman USS Hopper (DDG-70) y que es apodado «Amazing Grace» en su honor.
* En 2013, Google realiza un doodle con ella sentada en un ordenador, usando COBOL para imprimir su edad. La animación termina con una polilla saliendo de la máquina.

Las chicas del ENIAC (Electronic Numerical Integrator And Computer)

Durante la Segunda Guerra Mundial, se utilizaban unas tablas para calcular las trayectorias de los proyectiles. Cada una de ellas contenía 3.000 trayectorias posibles y cada trayectoria, a su vez, necesitaba unos 750 cálculos matemáticos.

Las encargadas de efectuar esos cálculos a mano eran mujeres: las «programadoras».

Debido a la necesidad de calcular las trayectorias cada vez más rápido y con más frecuencia, el Ejército llegó a un convenio con la Universidad de Pensilvania que empezaba ya a utilizar formas muy primarias de ordenadores. Así pues, en 1943, el Ejército le encargó a esta universidad la construcción del primer computador de propósito general basado en circuitos eléctricos, el ENIAC, que se destinaría al cálculo de trayectorias de proyectiles.

El ENIAC era capaz de resolver 5.000 sumas o 300 multiplicaciones en 1 segundo y, además, podía calcular la potencia 660.000 de un número de diez cifras en 1,5 segundos.

Pero para que la máquina pudiese efectuar los cálculos era necesario programarla. Y las encargadas de llevar a cabo tal tarea fueron seis mujeres programadoras: Betty Snyder Holberton, Jean Jennings Bartik, Kathleen McNulty Mauchly Antonelli, Marlyn Wescoff Meltzer, Ruth Lichterman Teitelbaum y Frances Bilas Spence.

El trabajo que realizaron consistía en lo siguiente: primero, escribían las instrucciones para resolver un determinado cálculo o problema y, a continuación, accedían a la sala donde estaba instalada la máquina. Esta habitación ocupaba una superficie de 176 metros cuadrados y la máquina se controlaba manualmente usando cables que se introducían en unas 6.000 clavijas. Para programarla, tenían que cambiar, conectar y reconectar esas clavijas tal y como se hacía en las centralitas de telefonía.

Su historia ha sido silenciada durante décadas. En su día fueron catalogadas como «subprofesionales», quizás debido a su sexo, lo cual permitía una reducción de costes laborales, ya que una mujer cobraba menos que un hombre. Hasta hace muy poco, ningún libro de la historia de la programación ha reconocido su importante labor dentro de este campo. Y es que fueron ellas quienes desarrollaron las bases de la programación de los ordenadores, creando la primera biblioteca de rutinas y las primeras aplicaciones de *software*.

En 1997, fueron incluidas en el Women in Technology International Hall of Fame.

Cuando terminó la Segunda Guerra Mundial, cada una de ellas continuó su carrera profesional.

1971
Erna Schneider Hoover

Pionera de las tecnologías informáticas: inventó la conmutación telefónica

Erna nació en 1926 en Irvington, Nueva Jersey. Cuando era una niña, leyó una biografía de Marie Curie que despertó en ella la curiosidad y el interés por la ciencia, y vio que era posible dedicarse a la investigación y ser científica, a pesar de las ideas predominantes sobre el papel social que debía cumplir una mujer en esa época.

En 1948, se graduó con honores en Historia y Filosofía en la Universidad de Wellesley (Massachusetts) lo que le permitió ganar la beca Durant. En 1951, obtuvo el doctorado en Filosofía y Fundamentos de la Matemática por la Universidad de Yale. Ese mismo año, consigue un puesto como profesora de Filosofía y Lógica en la Universidad de Swarthmore, Pensilvania.

En 1954, dejó su puesto de profesora y empezó a trabajar en la Bell Telephone Laboratories, Inc., conocida como «Bell Labs», como técnica superior adjunta. Mientras desarrollaba esta labor, se formó en ciencias computacionales, lo cual le sirvió para ascender de puesto de trabajo en 1956. En estas fechas, la compañía estaba investigando sobre cómo dar el salto de sus sistemas mecánicos a los electrónicos.

Fue en 1960, cuando Bell Labs puso en marcha su primera centralita telefónica completamente electrónica. Sin embargo, la máquina presentaba problemas porque no se lograba evitar que la central se colapsara con la entrada de miles de llamadas. Podían entrar unas doscientas mil en una hora.

Fue Erna la que puso remedio a esta situación. La solución fue programar los dispositivos de control de la central mediante un algoritmo capaz de conseguir que la máquina priorizara las entradas y las salidas de las llamadas sobre otros procesos de menor importancia, como el mantenimiento de los registros o la facturación. El sistema fue toda una revolución en la industria porque Erna había introducido la informática en el sector de las comunicaciones.

Este sistema recibió el nombre de «Number One Electronic Switching System» (IESS) que fue presentado por Bell Labs como «el proyecto más ambicioso de su historia». Para su desarrollo, la compañía contó con la colaboración de Barry J. Eckhart. En 1967, Erna y Eckhart registraron la patente n.º 3623007 en relación con el «Control por Pro-

grama Almacenado» (*Stored Program Control*, SPC). Se les concedió en 1971 y es considerada como la primera patente que sirve para proteger el *software* del mundo.

En la década de 1970, Bell Labs se dedicó a supervisar los programas de control de radar del sistema de misiles antibalísticos estadounidense. Erna terminó jubilándose en 1987, después de trabajar durante treinta y dos años en Bell Labs. Pero su actividad no cesaría, porque desde entonces Erna se ha dedicado a difundir la importancia de la educación, ha denunciado la escasez de mujeres científicas entre el profesorado y ha defendido la importancia de la financiación de la educación pública superior.

Curiosidades

* En 1978, es la primera mujer en dirigir el Departamento Técnico de Bell Labs. Allí se puso al frente de investigaciones en métodos de inteligencia artificial, grandes bases de datos y software para redes telefónicas.
* En 1990, su antigua universidad la premia por sus logros.
* En 2008, ingresa en el Salón de la Fama de los Inventores Nacionales de EE. UU.

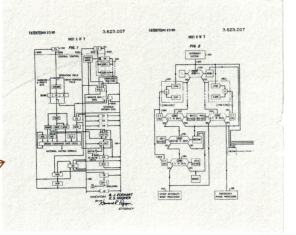

Patente nº 3623007 en relación con el Control por Programa Almacenado

Las teleoperadoras

A menudo se ha silenciado la participación de las mujeres en los avances científicos y tecnológicos y, si hablamos del mercado laboral, aún hoy, se siguen dividiendo las profesiones por razones de sexo. Una de ellas ha sido la de teleoperador/a. Aunque sobre todo se concebía como una profesión femenina, los primeros operadores de telefonía que trabajaron para la Bell Telephone Company en la década de 1870 eran adolescentes. Sin embargo, a ojos de los empresarios y clientes, los niños con frecuencia demostraban ser groseros e ingobernables, por lo que en su lugar se empezó a contratar a mujeres jóvenes, que se creía naturalmente que eran más educadas y comedidas.

Las teleoperadoras trabajaban en oficinas pequeñas y remotas. Además de manejar la centralita y atender las llamadas de los clientes, también tenían que asumir la mayor parte del trabajo técnico, porque no había nadie más que lo hiciera. Una teleoperadora de Nueva York, Mary Kennedy, a finales de la década de 1870, dijo que hizo «todo tipo de trabajo telefónico, excepto escalar un poste».

Todos los domingos por las mañanas, las chicas tenían que revisar todas las líneas principales de la centralita e informar de los errores. Si la centralita o alguna línea telefónica se estropeaba, debían idear e innovar métodos de reparación, ya que la asistencia de la reparación por parte de la compañía que fabricaba las centralitas podía tardar meses, algo completamente imposible de asumir.

«Muchos días, mi jornada laboral consistía en subirme a la parte superior de la centralita, ver dónde estaba la línea estropeada, empalmar un cable o ajustar un relé. Y luego redactar un informe», declaró Mary Kennedy.

Todo este trabajo técnico hizo *de facto* que las teleoperadoras se convirtieran en las primeras técnicas de líneas telefónicas, lo que favoreció el desarrollo y los avances de las tecnologías de comunicación telefónica.

Tuvieron un papel muy importante en el inicio del desarrollo de las tecnologías de comunicación telefónica.

1971
Stephanie Kwolek

Madre del Kevlar: el hilo que se utiliza en los chalecos antibalas

Stephanie Kwolek nace en el seno de una familia de origen polaco el 31 de julio de 1923 en los suburbios de Pittsburgh, Pensilvania. Sus progenitores fueron decisivos en la brillante carrera que su hija desarrollaría en un futuro. Su padre, al que le apasionaba la naturaleza, paseaba con Stephanie por los bosques y campos cercanos a su casa, invitándola a explorar y estudiar la flora. De hecho, animaba a la pequeña a realizar estudios y descripciones con las hojas, flores y semillas que recolectaban en sus excursiones y que acababan llenando decenas de álbumes en su hogar.

Su madre era ama de casa y, además, trabajaba como costurera en el domicilio familiar. Los colores y las texturas de las telas que utilizaba siempre llamaron la atención de Stephanie, que en un principio pensó en dedicarse a la moda. Sin embargo, su madre, conociendo el carácter perfeccionista de su hija, le aconsejó que no lo hiciera, porque sería una profesión en la que pasaría bastantes penurias.

La tragedia golpeó con intensidad la infancia de Stephanie, ya que su padre murió cuando ella tenía 10 años. Este hecho le dejó más marcada aún la impronta por el interés en las ciencias naturales y así dedicarse en un futuro a la medicina y tratar de salvar vidas. Pero para poder continuar con sus estudios universitarios, necesitaba ganar dinero para costeárselos, así que pensó en trabajar como química en algún laboratorio.

Con esta idea en mente, a los 23 años consiguió su graduado en Química en la universidad de mujeres Margaret Morrison Carnegie College, perteneciente a la Universidad Carnegie Mellon. Tras esto, solicitó ocupar varios puestos en distintos laboratorios y compañías, entre las que estaba DuPont. Su currículo llamó la atención de W. Hale Charch, quien había inventado el celofán impermeable y concertó una entrevista laboral con Stephanie.

La entrevista resultó tan satisfactoria que en seguida entró a trabajar como química en la compañía. Empezó a

colaborar en proyectos de policondensación de fibras sintéticas a bajas temperaturas para conseguir nuevos materiales capaces de resistir condiciones extremas. El objetivo de este proyecto era lograr materiales para fabricar neumáticos. Este trabajo le fascinaba tanto, que pronto dejó de pensar en la medicina como carrera profesional y se decidió por la química.

El proyecto estuvo encallado muchos años sin conseguir los resultados esperados. Pero un día de 1965, Stephanie decidió recoger una de las muestras de fibras desechadas por el equipo y se la llevó. Lo que pasaba con estas soluciones de poliamida es que eran inusualmente fluidas y turbias, con un aspecto de suero de leche. Aun así, quiso probar algo nuevo. Llevó la solución al técnico a cargo de la máquina de hilar, pero este se negó a intentarlo por temor a que esa mezcla estropeara el aparato. Stephanie no se dio por vencida e insistió de tal forma que este no tuvo más remedio que hacerle caso.

El resultado fue totalmente inesperado y extraordinario. Las fibras resultantes eran mucho más resistentes, fuertes y rígidas que cualquier otra conocida hasta el momento. Este fue el nacimiento del Kevlar. Esta fibra sintética tiene más de doscientas aplicaciones hoy en día: neumáticos, cuerdas, equipos aeroespaciales, el protector de los cables submarinos de fibra óptica por donde circula internet o los cables de sustentación de los puentes colgantes modernos, material deportivo (ropa, raquetas, esquíes…) y equipos de protección individual (monos, guantes, cascos…), canoas e incluso sartenes. Pero sin duda, del que más orgullosa se sintió Stephanie, fue de la aplicación para los chalecos antibalas que salvan incalculables vidas.

«Mucha gente trabaja durante toda su vida y no consigue realizar un descubrimiento que beneficie al resto de la población. No creo que haya nada más satisfactorio que salvarle la vida a alguien.»

Trabajó durante cuarenta años para la compañía DuPont, donde llegaría a ser directora del DuPont Pioneering Lab. Y, aunque se jubiló en 1986, siempre estuvo comprometida con el objetivo de acercar la ciencia a los jóvenes, especialmente a las niñas, siendo mentora de muchas estudiantes e investigadoras.

«Creo que hay que inspirar a la gente joven para que crean en ellos mismos y no tengan miedo a pensar de forma diferente.»

Estaba tan implicada en esta tarea que escribió y diseñó experimentos educativos a modo de práctica para los estudiantes de química. Uno de los más conocidos dentro del mundo académico es el que redactó junto a Paul W. Morgan: *The Nylon Rope Trick*.

«Para inventar, recurrí a mi conocimiento, intuición, creatividad, experiencia, sentido común, perseverancia, flexibilidad, y al trabajo duro.»

Curiosidades

* DuPont empezó a comercializar el Kevlar en 1972.

* En 1994, se incluye a Stephanie Kwolek en el Salón de la Fama de Inventores Nacionales de EE. UU., siendo la cuarta mujer hasta entonces en hacerlo de los ciento trece inventores.

* En 1996, recibe la Medalla Nacional de Tecnología de EE. UU.

* En 1997, se le otorga la Medalla Perkin.

1981
Margarita Salas Falgueras

Pionera en la biotecnología

Margarita Salas Falgueras nació en Canero, Asturias, en 1938. Hija del psiquiatra José Salas Martínez, cuando contaba con tan solo un año de edad, la familia decidió mudarse a Gijón, donde vivirían en la planta superior del sanatorio psiquiátrico donde trabajaba su padre.

Sus progenitores siempre quisieron que sus hijos estudiasen una carrera universitaria, algo excepcional en la época, ya que normalmente solía priorizarse sobre el hijo varón y a las mujeres se las guiaba por otros caminos más acordes al rol social que se preveía que tuvieran.

Cuando finalizó el bachillerato, no sabía qué rama de estudios escoger, porque tanto las ciencias como las humanidades le gustaban. Finalmente, se decantó por las primeras en el curso preuniversitario, en concreto se decidió por la química, algo que tiempo más adelante demostraría ser una elección magnífica, porque Margarita descubriría lo mucho que le gustaba investigar en el laboratorio de química orgánica.

En una reunión familiar conoció a Severo Ochoa (Premio Nobel de Medicina), primo político de su padre. Mientras comían paella, Ochoa le propuso a Margarita que le acompañara a una conferencia sobre investigación que iba a dar en Oviedo. Fue durante la intervención de Ochoa cuando Margarita quedó completamente fascinada y atraída por la bioquímica. Cuando finalizó la conferencia, Ochoa le aconsejó que, si le gustaba el campo de la bioquímica, hiciera su tesis doctoral en el laboratorio de Alberto Sols en Madrid y que luego llevase a cabo su formación posdoctoral con él en Nueva York.

Entusiasmada, Margarita siguió con los estudios de la carrera, en la que conoció al que sería el amor de su vida y su compañero de tesis, Eladio Viñuela. Ambos estaban profundamente atraídos por la bioquímica y la biología molecular. Cuando terminaron sus carreras y consiguieron su doctorado, los dos empezaron a trabajar en el laboratorio de Sols. Resulta curioso que Sols no tuviera ningún inconveniente en admitir a Eladio en su laboratorio, pero

en cambio a Margarita no se lo puso tan fácil. De hecho, esta tuvo que necesitar una carta de recomendación del propio Severo Ochoa para que la admitiera.

Sols reconoció décadas después que pensó lo siguiente cuando recibió la carta de recomendación del Premio Nobel: «Bah, una chica. Le daré un tema de trabajo sin demasiado interés, pues si no lo saca adelante, no importa».

Esta circunstancia nos dibuja un marco bastante claro del machismo que existía en el campo de la investigación científica en nuestro país y que Margarita tuvo que aprender a sortear en plena década de los años sesenta. Así nos lo contó Margarita:

«En la fase de la tesis doctoral lo pasé mal, se daba la circunstancia que estábamos reunidos Eladio y yo con Sols, nuestro director de tesis, y a lo mejor estábamos hablando de mi trabajo y Sols se dirigía a Eladio, nunca se dirigía a mí, yo era como invisible, lo cual me sentaba fatal.»

Finalizadas sus tesis, la pareja contrajo matrimonio en 1963 y, gracias a la beca que la Fundación March otorgó a Margarita, pudieron organizar su boda y alquilar un piso. Aprovecharon y siguieron el consejo que Ochoa le dio a Margarita: irse a trabajar con él en la Universidad de Nueva York. Al llegar al laboratorio, Severo Ochoa separó a la pareja profesionalmente, ya que era sabedor de la falta de visibilidad que tendría Margarita en España si formaba equipo de trabajo junto a su marido en un mundo dominado sobre todo por los hombres. Era habitual que en un matrimonio de investigadores los descubrimientos fueran otorgados al hombre.

«En Nueva York, con Severo Ochoa no me sentí nunca discriminada por el hecho de ser mujer, pero luego volvimos a España [...] y de cara al exterior yo era la mujer de Eladio Viñuela. Él decidió, al cabo de unos años, iniciar otro tema de investigación para dejarme a mí el camino libre con el fago Phi29.»

Después de estar tres años trabajando en el laboratorio de Ochoa, regresaron a España con la intención de desarrollar el campo de la biología molecular en nuestro país. Para no entrar en competición con el laboratorio de Ochoa, más rico en financiación y con investigaciones mucho más avanzadas, decidieron ponerse a investigar el fago Phi29. Los fagos son virus que infectan bacterias, y querían descubrir cuáles eran los mecanismos que utilizaban los virus para su morfogénesis (la producción y evolución que lleva a cabo el virus para desarrollar su forma a partir de las proteínas y el material genético).

Lamentablemente, necesitaban capital externo para poder empezar con el trabajo, ya que en España no se destinaba dinero a la investigación en la década de los setenta. Severo Ochoa hizo de intermediario y consiguió que la Memorial Fund for Medical Research financiase inicialmente el proyecto que más tarde se vería acompañado con el plan de formación para personal de investigación, con el que Margarita seleccionaría a sus cinco primeros ayudantes.

El equipo de Margarita consiguió un hito en el ámbito del estudio del ADN: era la primera vez que se encontraba la proteína esencial para que un virus se replicase. El hallazgo de este mecanismo ha servido como modelo de análisis de la reproducción de otros virus. Además, dieron con la

ADN polimerasa, que es una de las proteínas responsables de la replicación del ADN viral, la cual permite que a partir de fragmentos muy pequeños de ADN se reproduzcan miles o hasta millones de copias de ese mismo ADN.

Esto daría como resultado la patente n.º ES2103741T3 por las «Reacciones de síntesis de ADN (in vitro) que emplean ADN polimerasa de Phi29 modificada y un fragmento de ADN que codifica dicha polimerasa». Sería la primera de las patentes de Margarita Salas: la ADN polimerasa. De hecho, es la patente que más regalías ha dado al CSIC. Margarita tuvo una brillante carrera profesional, ha registró siete patentes más, publicó más de trescientos noventa trabajos científicos en revistas de reconocido prestigio internacional, recibió numerosos premios y supervisó más de treinta tesis doctorales a lo largo de su carrera como docente, entre la que destaca la que desarrolló en la Universidad Complutense de Madrid desde 1968 hasta 1992.

> «En un futuro no demasiado lejano, yo pongo quince años, la mujer ocupará en el mundo científico el puesto que le corresponda de acuerdo con su capacidad y su trabajo. Yo creo que sin cuotas vamos a llegar, lo que quiero es que no haya discriminación negativa por el hecho de ser mujer.»

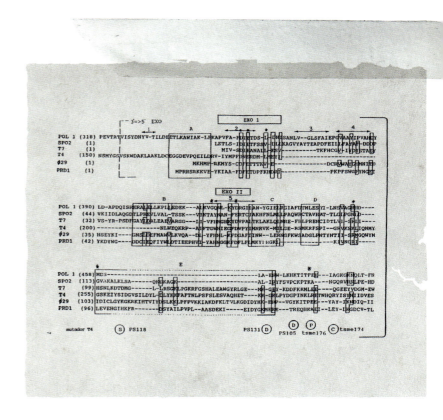

Curiosidades

* En 1988, asume la dirección del Instituto de Biología Molecular del CSIC.
* En 1994, le conceden el Premio Rey Jaime I de Investigación Científica y Técnica.
* En 1997, preside la Fundación Severo Ochoa.
* En 1999, recibe el Premio Nacional de Investigación Santiago Ramón y Cajal.
* Es académica de la RAE desde el 4 de junio de 2003.
* En 2007, se convierte en la primera mujer española en ingresar en la Academia Nacional de Ciencias de Estados Unidos.
* En 2019, la Oficina Europea de Patentes (OEP) le entrega dos Premios al Inventor Europeo.

Mercedes Palacios nació en abril de 1981 en Madrid y desde muy pequeña quiso ser ilustradora.

Ha desarrollado su carrera en el sector publicitario para diferentes clientes en múltiples campañas. En 2012 publicó su primer libro ilustrado, la recopilación de cuentos infantiles *50 cuentos que hay que leer antes de dormir*, y posteriormente su secuela *50 cuentos para tener dulces sueños*, entre otras obras de literatura infantil y juvenil.

Desde 2017 publica regularmente en sus redes sociales, a modo de homenaje, pequeñas biografías ilustradas de inventoras, científicas y otras mujeres que merecieron mayor difusión y reconocimiento.

En 2018 diseñó el galardón de los Premios "Fermina Orduña" a la innovación tecnológica que entrega la Comunidad de Madrid.

Visionarias. Inventoras desconocidas es su primera obra como autora, a la que ha dedicado dos años de trabajo.

Agradecimientos

A Juanpe, por todo.

A mi madre, por su apoyo incondicional. «¡Es precioso, hija!»

A mi abuela Ciria, por ser un modelo de mujer fuerte,
adelantada a su tiempo y a contracorriente.

A mi abuela Esther, por su ejemplo de fortaleza y tesón.

A mi familia, amigas y amigos, por sacarme de
mi estudio-cueva y darme fuerzas para continuar.

A Marta, por el maravilloso prólogo
y toda su labor de divulgación.

A Anna, por confiar en mí y en este proyecto.

A las lectoras de este libro. Espero que estas mujeres
os sirvan de inspiración como lo han hecho conmigo.